徽商发展报告 2021

HUISHANG FAZHAN BAOGAO 2021

安徽财经大学◎主编

安徽师范大学出版社
·芜湖·

图书在版编目(CIP)数据

徽商发展报告.2021/安徽财经大学主编.—芜湖:安徽师范大学出版社,2021.10
ISBN 978-7-5676-5340-5

Ⅰ.①徽… Ⅱ.①安… Ⅲ.①徽商-贸易经济-经济发展-研究报告-2021 Ⅳ.①F729

中国版本图书馆CIP数据核字(2021)第165544号

徽商发展报告.2021　　安徽财经大学◎主编

责任编辑:何章艳　　责任校对:牛　佳
装帧设计:张　玲　　责任印制:桑国磊
出版发行:安徽师范大学出版社
芜湖市北京东路1号安徽师范大学赭山校区
网　　址:http://www.ahnupress.com/
发 行 部:0553-3883578　5910327　5910310(传真)
印　　刷:江苏凤凰数码印务有限公司
版　　次:2021年10月第1版
印　　次:2021年10月第1次印刷
规　　格:700 mm × 1000 mm　1/16
印　　张:10
字　　数:125千字
书　　号:ISBN 978-7-5676-5340-5
定　　价:50.00元

序　言

2021年，中国共产党迎来了百年华诞。一百年来的各个阶段都涌现出了许多徽商精英人物，他们弘扬徽商文化，传承徽商精神，争做“徽骆驼”“绩溪牛”，徽行天下，情系故里。

今天，徽商分布在各行各业，他们有的在引领行业发展，有的成为独角兽企业或“隐形冠军”，有的基业长青。在家电领行业、新能源汽车行业、人工智能行业、新材料与显示行业、传统轻工行业等，都有徽商的身影，他们奋力前行，创造价值，奉献社会。

为助力徽商企业高质量发展，各徽商组织开展了一系列活动，如世界制造业大会、天下徽商圆桌会议、徽商论坛、国际徽商精英年会等，“徽商”已经成为一个热词。其中，一年一度的徽商论坛作为世界制造业大会和中国国际徽商大会的重要组成部分，致力于弘扬徽商精神、凝聚徽商力量，是展示安徽新形象、政商学各界合作共赢的窗口。

目前，分布在全球的徽商组织已成为地方政府招商引资的桥梁和文化与经贸往来的平台，成为徽商回归的重要载体。据统计，截至2020年年底，全球共有各类徽商组织407家，其中国内

382家，海外25家；2020年新成立的徽商组织有20家。

安徽财经大学是一所以经济学、管理学、法学为主的多科性财经大学，是我国首批具有学士学位授予权、第三批具有硕士学位授予权的高校，是安徽省重点建设的大学和安徽省政府与中华全国供销合作总社共建高校，并且于2012年获批国家中西部高校基础能力建设工程，2014年入选安徽省地方特色高水平大学建设项目。安徽财经大学历来重视科研和社会服务工作，科研水平稳步提升，社会服务品牌和影响力日益凸显；在申报国家社会科学基金、国家自然科学基金等项目上不断取得新突破，国家社会科学基金项目立项数在全国财经类高校中位列前十，连续四年位列省属高校第二。安徽财经大学还立足于地方经济社会发展和行业需求，着力打造财经领域新型高端智库，尤其以安徽经济社会发展系列研究报告为代表的研究成果影响力日益扩大，特色品牌日益凸显。

安徽财经大学徽商研究始于十多年前，徽商讲坛、徽商大讲堂等平台的搭建，为学校的徽商研究奠定了坚实的基础。2014年，安徽财经大学新徽商研究中心成立，该中心聚焦徽商组织、徽商人物、徽商产业、徽商企业、徽商上市、徽商文化等方面的研究，拥有一批专家学者团队，出版了《徽商文化》《新徽商导论》《徽商发展报告2017》《徽商发展报告2019》《徽商发展报告2020》等著作，举办了两届关于徽商老字号品牌的中国（安徽）大学生市场营销创新大赛，与安徽师范大学联合主办了首届徽商老字号品牌营销高峰论坛，发表了一系列有关徽商和徽文化的学术论文，打造了线上平台——新徽商大讲堂，与安徽经济报社合作共建了徽商智库。

《徽商发展报告2021》从徽商组织、徽商企业、徽商人物、徽商制造、徽商创新、徽商回归、徽商公益七个方面来系统阐述2020年度徽商年度发展情况，是对徽商年度活动与事件的分析总结，对系统了解徽商的发展具有重要的指导作用。同时，本书也是安徽财经大学服务地方经济、加强智库建设的研究成果，是安徽财经大学2021年度系列报告的一部分。

《徽商发展报告2021》是安徽财经大学新徽商研究中心和安徽经济报社、决策杂志社（安徽创新发展研究院）联合研究发布的成果，得到了安徽省国资委、安徽省发改委、安徽省经信厅、安徽省商务厅、安徽省政府发展研究中心等相关部门，以及安徽省国际徽商交流协会、各徽商商会的大力支持，在此一并表示感谢！

安徽财经大学副校长　冯德连

2021年8月

目录

徽商组织 ……001

一、全国徽商组织分布 ……001

二、海外徽商组织分布 ……005

三、商会建设开创新高 ……006

四、多家商会成功换届 ……009

五、商会区域联盟活动不断 ……014

六、商会传承徽商文化 ……018

徽商企业 ……019

一、2020年徽商企业上市分析 ……019

二、2020年世界企业500强中的徽商企业 ……024

三、2020年中国企业500强中的徽商企业 ……024

四、2020年中国民营企业500强中的徽商企业 ……026

五、千亿级徽商企业 ……029

六、2020年长三角企业百强榜中的徽商企业 ……030

七、2020年行业榜单中的徽商企业 ……031

徽商人物 ……035

一、多位徽商入选2020年胡润、福布斯、《财富》榜单 ……035

二、2020年度创新力徽商 ……040

三、口子窖新时代新徽商2020年度人物 ……042

四、2020年其他榜单中的徽商企业家 ……043

五、2019—2020年度全国优秀企业家 ……044

徽商制造 ……045

一、2020年世界制造业大会江淮线上经济论坛“四朵云” ……045

二、徽商制造入选各类榜单 ……048

三、徽商制造与专精特新“小巨人”……060

徽商创新 ……067

一、徽商创新,一脉相承 ……067

二、徽商创新,从“跟跑”到“领跑” ……069

三、徽商创新,闪耀各大榜单 ……073

徽商回归 ……085

一、2020年徽商回归资金近千亿元 ……085

二、商会搭建徽商回归桥梁 ……086

三、一批知名徽商回归 ……099

四、打造徽商回归平台 ……103

徽商公益 ……106

一、徽商与抗击新冠肺炎疫情 ……106

二、徽商与抗洪救灾 ……116

三、徽商与脱贫攻坚 ……118

附录一:2020年新成立的异地徽商组织 ……121

附录二:2020年徽商大事记 ……132

附录三:2020年上市的徽商企业 ……141

后记一 ……144

后记二 ……147

徽商组织

本书中的徽商组织是指在安徽省外合法注册成立的省、市、县级各类安徽商会，包括安徽所辖市、县省外的商会。

一、全国徽商组织分布

截至2020年年底，全球共有各类徽商组织407家，其中，国内382家（见表1），海外25家。2020年新成立的徽商组织有20家（见附录一）。

表1　全国徽商组织分布情况

省份	省级商会	市级商会	县级商会	总数
北京	2	3	6	11
上海	4	10	2	16
广东	20	27	14	61
浙江	24	27	5	56
江苏	25	19	15	59
福建	8	4	0	12

续　表

省份	省级商会	市级商会	县级商会	总数
山东	11	3	0	14
河南	6	0	0	6
江西	5	0	0	5
湖北	7	2	0	9
河北	12	0	0	12
湖南	6	0	0	6
山西	4	0	0	4
重庆	1	2	0	3
四川	5	4	0	9
天津	2	3	3	8
黑龙江	6	1	0	7
吉林	4	0	0	4
辽宁	7	0	0	7
内蒙古	4	0	0	4
广西	5	3	0	8
云南	4	2	0	6
海南	1	9	2	12
贵州	2	0	0	2
陕西	4	5	1	10
青海	1	1	0	2
甘肃	4	0	0	4

续 表

省份	省级商会	市级商会	县级商会	总数
宁夏	1	0	0	1
新疆	17	2	0	19
西藏	1	1	0	2
香港	1	0	0	1
澳门	1	0	0	1
台湾	1	0	0	1
总计	206	128	48	382

徽商组织的分布与数量在某种程度上体现了近年来徽商组织的快速发展。截至2020年年底，经过换届后的全国省级安徽商会见表2所示。另外，新疆生产建设兵团2013年成立了安徽商会，现任会长是盛宝仁（萧县籍）。

表2　2020年换届后的全国省级安徽商会统计

省份	商会名称	成立时间	现任会长	现任会长籍贯
香港	安徽联谊总会	2002年	桂四海	桐城
上海	安徽商会	2004年	洪清华	宿松
内蒙古	安徽商会	2004年	姚文兵	芜湖
北京	安徽企业商会	2006年	梁金辉	亳州
湖北	安徽商会	2006年	马占军	界首
重庆	安徽商会	2006年	梅锋	桐城
宁夏	安徽商会	2006年	金晓伟	阜阳
新疆	安徽商会	2006年	匡荣华	霍邱

续 表

省份	商会名称	成立时间	现任会长	现任会长籍贯
澳门	安徽联谊总会	2006年	陈永杰	广东新会
福建	安徽商会	2007年	程明	桐城
天津	安徽商会	2007年	张长江	萧县
广西	安徽商会	2007年	李传德	望江
陕西	安徽商会	2007年	张金龙	亳州
云南	安徽商会	2007年	陈大钰	马鞍山
海南	安徽商会	2007年	蒋会成	合肥
河南	安徽商会	2008年	汤武	合肥
江西	安徽商会	2008年	李井海	寿县
山西	安徽商会	2008年	储怀山	阜阳
河北	安徽商会	2009年	马登峰	濉溪
四川	安徽商会	2009年	熊南奇	桐城
青海	安徽商会	2009年	王军	阜阳
台湾	徽商经贸文教交流协会	2009年	陶君亮	当涂
山东	安徽商会	2010年	姚军	太和
贵州	安徽商会	2010年	陈修仕	阜阳
甘肃	安徽商会	2010年	刘伟	萧县
浙江	安徽商会	2011年	刘杰	阜阳
江苏	安徽商会	2011年	张桂平	天长
吉林	安徽商会	2011年	刘启斌	宣城
广东	安徽商会	2012年	王文银	潜山

续 表

省份	商会名称	成立时间	现任会长	现任会长籍贯
湖南	安徽商会	2012年	屈东森	阜阳
西藏	安徽商会	2013年	王斌	太和
黑龙江	安徽商会	2014年	岳喜田	阜阳
辽宁	安徽商会	2020年	檀海平	望江

二、海外徽商组织分布

在海外，各类徽商组织发展快速。截至2020年年底，海外徽商组织达到25家（见表3）。

表3 海外徽商组织统计

序号	商会名称	成立时间	现任会长
1	加拿大安徽商会	2005年	俞茨
2	日本徽商协会	2006年	张书明
3	阿联酋安徽商会	2011年	潘尚旭
4	泰国安徽商会	2012年	汪洋
5	英国安徽商会	2012年	陈时荣
6	新加坡安徽商会	2014年	陈加品
7	柬埔寨安徽商会	2014年	刘忍
8	印度尼西亚安徽商会	2015年	何涛
9	俄罗斯安徽商会	2015年	吴咸宝
10	美国安徽商会	2015年	丁茂源

续 表

序号	商会名称	成立时间	现任会长
11	澳大利亚徽商总会	2016年	项翔
12	澳大利亚安徽总商会	2016年	陈凌
13	新西兰安徽商会	2016年	赵敬平
14	圣彼得堡安徽商会	2016年	王晶
15	全美徽商联合会	2017年	沈毅
16	海湾国家安徽总商会	2017年	沈晖
17	安徽华人华侨(德国)联谊会	2017年	倪道钧
18	瑞典安徽科技商业协会	2018年	段茂利
19	塞尔维亚安徽商会	2018年	余在礼
20	安哥拉安徽商会	2018年	朱祥增
21	芬兰安徽商会	2018年	吴立新
22	菲律宾安徽商会	2018年	刘传伏
23	越南中国商会安徽企业联合会	2018年	袁晓峰
24	日本安庆商会	2019年	刘元敬
25	尼日利亚安徽商会	2019年	伍大洋

三、商会建设开创新高

2020年，全国徽商组织建设取得了丰硕的成果，具体体现为争创民政部门的“5A”（即AAAAA，是民政部门对社会性组织评定的最高级别）商会建设和工商联系统的“四好”（即政治引领好、队伍建设好、服务发展好、自律规范好）商会建设取得新进展。

截至2020年年底，全国多家安徽商会荣获“5A”级商会称号，如广东省安徽商会、海南省安徽商会、贵州省安徽商会、江苏省安徽商会、湖北省安徽商会、吉林省安徽商会、陕西省安徽商会、青岛市安徽商会、苏州市安徽商会、中山市安徽商会、温州市安徽商会、大连徽商商会、常州市安徽商会、宁波市安徽商会、广州市安徽商会、淄博徽商商会、嘉兴市安徽商会、桐乡市安徽商会等。

自2019年以来，各级工商联按照全国工商联关于2019—2020年度“四好”商会建设工作部署，以“政治引领好、队伍建设好、服务发展好、自律规范好”为主要内容，加强对商会的指导和引导服务，进一步强化商会政治属性和统战功能，推进商会规范化建设，发挥商会职能作用，不断赋予“四好”商会建设新内涵。在2020年1月26日全国工商联公布的2019—2020年度“四好”商会名单中，24家省外徽商组织榜上有名（见表4）。

表4　2019—2020年度全国“四好”商会中的徽商组织

序号	商会名称
1	保定市安徽商会
2	廊坊市亳州商会
3	齐齐哈尔市徽商商会
4	大庆市徽商商会
5	南京市滁州商会
6	徐州市安徽商会
7	常州市安徽商会
8	张家港市安徽商会

续 表

序号	商会名称
9	扬州市安徽商会
10	镇江安徽商会
11	杭州市安徽商会
12	嘉兴市安徽商会
13	义乌市安徽商会
14	江西省安徽商会
15	淄博徽商商会
16	河南省安徽商会
17	洛阳市安徽商会
18	新乡市安徽商会
19	湖北省安徽商会
20	海南省安徽商会
21	贵州省安徽商会
22	陕西省安徽商会
23	宁夏安徽商会
24	新疆阿克苏地区安徽商会

另外，还有一批徽商组织成功创建省“四好”商会。例如，福建省工商联认定90家工商联所属商会为2020年度福建省“四好”商会，福州市安徽商会入选；江苏省工商联认定的2019—2020年度江苏省“四好”商会中，扬中市安徽商会、盐城市安徽商会、淮安市安徽商会、连云港市安徽商会、南通市海门区徽商商会、如皋市安徽商会、苏州市安徽商会、徐州市巢湖商会、徐

州市安徽商会、无锡市安徽商会、南京市安徽商会入选；山东省工商联认定的2019—2020年度山东省“四好”商会中，青岛市安徽商会、烟台市安徽商会、威海市安徽商会入选；江西省工商联认定的2019—2020年度江西省“四好”商会中，上饶市安徽商会、九江市安徽商会入选。

四、多家商会成功换届

1. 英国安徽商会

2020年1月15日，英国安徽商会成员在伦敦老金融城石库门餐厅举办新年聚会，并进行了商会会长换届选举大会。英国安徽商会终身荣誉主席、首任会长庆龙先生主持此次会议。庆龙先生表示，英国安徽商会的每一位成员都有义务和责任在商会中发光发热，希望在以后的日子里，每一位在英国的安徽人都可以不断成长，在实现更大成就的同时，也带动安徽商会的发展。此外，本次换届大会再次指出，英国安徽商会会长将实行三年轮流制。陈时荣当选为商会新一届会长。

2. 上海市安徽商会

2020年5月15日，上海市安徽商会第六届第一次会员大会暨换届大会在上海国际会议中心举行。安徽省副省长、省工商联主席王翠凤，上海市政协副主席、市工商联主席王志雄，上海市政协副秘书长邢邦志，安徽省政府驻上海办事处党组书记、主任刘卫东，上海市政府合作交流办副主任黄建平，沪皖两地相关单位、部分省份驻沪机构代表，多省市商会会长、商会负责人等出席了大会。大会选举产生上海市安徽商会第六届理事会、监事会等领导班子，景域驴妈妈集团董事长洪清华当选为商会新一届理事会会长，上海中迪物流有限公司董事长金海泉当选为商会新一届监事会监事长。同时，为更高质量推进商会工作，加强商会在长三角一体化中的作用，上海市安徽商会第六届理事会特别聘请巨人集团董事长史玉柱为名誉会长，聘请著名企业家郑永刚、王均金、丁佐宏、胡成中、王文银、连柏林、刘涟清、郭文叁、梁金辉、余渐富、李士发、杨桂生、张真铭、陈继武为商会荣誉顾问。

3.上海安徽经济文化促进会

2020年6月28日，上海安徽经济文化促进会第七届第一次会员代表（理事）大会在上海市政协大礼堂召开。安徽省副省长、省工商联主席王翠凤，上海市政协党组副书记、政协副主席方惠萍，安徽省政府副秘书长左俊，安徽省政府驻上海办事处党组书记、主任刘卫东，上海市合作交流办副主任黄建平，安徽省合作交流办主任侯锋平等出席了会议。大会选举产生上海安徽经济文化促进会第七届理事会理事、常务理事、监事，第七届理事会秘书长、副会长、常务副会长、会长、监事长。原上海铁路局局长、党委书记刘涟清连任会长，中共上海市委巡视组原副组长翟必槐当选为第一届监事会监事长。

4.商丘市安徽商会

2020年7月12日，商丘市安徽商会第三次会员代表大会在商丘市行政中心举行。商丘市工商联党组成员、副主席孙德清，商丘市民政局社团组织管理科科长王根源，商丘市工商联办公室主任田伟峰等参加了会议。本次会议选举安徽井中集团商丘宏光商贸有限公司董事长李宏光为会长，吴志敏、田华、韩道宽、刘发强为常务副会长，赵玉西、孙振峰、马军磊、胡焰、靳祥钰、陈玉昌、张慧君、盛志、孙艳萍、贺振龙、张新亮、刘敏为副会长，吴志敏兼任秘书长。据悉，商丘市安徽商会是由在商丘市的安徽籍非公有制经济领域的企业、团体和个人自愿结成的非营利性社会团体，是商丘市工商联的基层组织。商会共有会员170家，涉及商业、文化传媒、工程建设、生产加工、餐饮服务等多种行业。

5. 珠海市安庆商会

2020年9月13日，珠海市安庆商会第三届第一次会员大会暨迎中秋庆国庆晚宴举行，此次会议选举产生了商会第三届领导班子、理事会成员及会员。何晓东当选为商会第三届会长兼理事长，方向明当选为商会第三届监事长，方向明、丁宪明、张余祥、李成春、吴自东、周亮当选为商会第三届常务副会长，李成春当选为商会第三届秘书长。

6. 上海市安庆商会

2020年9月19日，上海市安庆商会换届大会暨第二届第一次会员代表大会召开。会议选举产生了商会第二届理事会会长、执行会长、常务副会长、副会长等人选，上海恒实投资集团有限公司董事长聂建明连任会长。全国政协常委、九三学社中央副主席赵雯，安徽省政府驻上海办事处党组书记、主任刘卫东，安庆市政协主席章松，中国社科院原副院长刘吉，中国工程院院士、中国建材集团有限公司总工程师彭寿等领导、嘉宾及上海各界人士、兄弟商会代表和全体商会会员600余人共同见证了商会开启新篇章、跨上新台阶的重要时刻。商会聘请上海杰事杰新材料（集团）股份有限公司董事长杨桂生担任荣誉会长，聘请中国工程院院士、中国建材集团有限公司总工程师彭寿，华闻传媒投资集团股份有限公司董事长汪方怀，上海地产（集团）副总裁、建材集团董事长杨庆云，中铁二十四局集团有限公司党委书记、董事长朱赤，中国联通上海市分公司党委书记、总经理沈洪波，东方明珠新媒体股份公司高级副总裁史支焱担任商会顾问。

7.济南市安庆商会

2020年9月26日，济南市安庆商会第三届第一次大会在济南铂尔酒店举行，安庆市工商联党组书记陈雅爱，安庆市工商联副主席王文生，蚌埠市工商联副主席、安庆商会会长李皖根，黄山市安庆商会会长程杰，合肥市安庆商会会长刘同春、执行会长张诗文，徐州市安庆商会会长刘保胜，安徽财经大学新徽商研究中心主任、蚌埠市安庆商会秘书长王唤明，宁波市安庆商会秘书长冯双根，合肥市安庆商会秘书长刘观宁等应邀参加会议。杨超当选为会长，蒋荣生当选为秘书长，谢宏当选为监事长。

8.南京市安徽商会

2020年12月9日，南京市安徽商会成立10周年庆典及第三届第一次会员大会在南京白金汉爵大酒店举行。会议审议通过第三届理事会成员名单和领导班子名单，其中，同曦集团有限公司董事长陈广川连任会长，王传良当选为首轮轮值会长，沈彪、江山、田野等14人当选为常务副会长，朱立广、曹三民、吕德宝等28人当选为副会长，沈长明担任监事会主席，王鹏善、戴新年担任监事会副主席，周晓汉当选为秘书长。

9.淄博徽商商会

2020年12月19日，淄博徽商商会举办第三届换届庆典暨2021新春联谊会。在鲁安徽籍老领导，淄博市委统战部、工商联、民政局、司法局、审批局、市场监管局、投资促进局、卫健委，以及张店区统战部、工商联等相关领导出席会议。殷春华当选为商会第三届会长。会上，淄博市民政局还为淄博徽商商会被评为2020年度“5A”商会授牌。

10. 广东省安徽宣城商会

2020年12月20日，广东省安徽宣城商会换届大会暨新春联谊会召开，安徽省政府驻广州办事处及宣城市相关部门负责人、在粤社会贤达、宣城商会优秀企业家以及近500位乡友参加会议。深圳市祥鸿隆建材有限公司董事长韩光祥连任会长，广东兆阳生物科技有限公司总经理葛阳、广东文远教育集团总经理张隽、东莞市天强鞋材有限公司董事长王天强当选为执行会长，同时兼任秘书长，广东开野律师事务所主任章成当选为监事长。

11. 安徽国际徽商交流协会

2020年12月22日，安徽国际徽商交流协会第四届会员代表大会召开，会议选举产生了新一届领导班子，苏宁环球集团董事长张桂平连任会长，安徽中烟工业有限责任公司总经理王志彬、安徽古井集团董事长梁金辉、安徽（巢湖）进出口食品产业园董事长夏阳当选为常务副会长，奇瑞新能源汽车股份有限公司总经理高立新当选为监事长，叶青松当选为秘书长。

12. 上海市铜陵商会

2020年12月26日，上海市铜陵商会换届大会暨第二届第一次会员大会在上海国际会议中心召开。大会选举产生了上海市铜陵商会第二届理事会班子成员，吴照和当选为会长，王幼美、吴国家、张斌、唐燕成、丁亮当选为执行会长，吴取彬当选为监事长，杨祖中当选为秘书长。吴照和发表就职演说，强调了商会的工作理念：“一联”，即联结铜陵与上海；“二讲”，即讲行为诚信，讲办事效率；“三为”，即为会员服务，为家乡服务，为社会服务。

13.广东省安徽利辛商会

2020年12月27日，由利辛县人民政府主办、广东省安徽利辛商会承办的“利辛县招商引资推介会暨广东省安徽利辛商会换届庆典”在广州中演国际酒店举行。原广州军区空军副政委方声坤少将，原成都军区空军副政委张逢堂少将，安徽省政府驻广州办事处副主任吴勇，利辛县委常委、副县长曲利杰，利辛县政协副主席高传海，利辛县工商联主席孙新等领导、嘉宾，广东省安徽商会轮值会长张昊、广东省安徽利辛商会企业代表以及来自在粤经济、文化领域的各界人士近300人参加会议。在27日下午召开的广东省安徽利辛商会第二届第一次会员大会上，李飞当选为会长，梅捷、张贺才、王伟、李启、张李伟、张道富当选为常务副会长。李飞在发言时表示，将依靠商会新一届领导班子成员和全体会员，把商会建成民主、和谐、阳光的商会；牢固树立企业创新意识，用创新的机制促进商会的发展，使商会与时俱进，充满生机和活力；牢固树立服务意识，为会员企业多办实事，多办好事，把商会办成温馨和谐的会员之家，共同建设“道相同，利相共，心相通”的商会文化，充分发挥商会平台的综合资源优势，助力商会会员企业更好地发展。

五、商会区域联盟活动不断

2020年，虽然受新冠肺炎疫情和洪灾的影响，但全国徽商组织区域联盟活动仍然不少，这些活动的开展强化了区域与地域之间的合作交流。商会区域联盟活动主要呈现两种态势：一是区域性商会之间的联盟、交流与论坛增加，如京津冀徽商论坛、东北徽商论坛、中部徽商论坛、长三角徽商论坛等；二是地域性商会之间的联盟活动增加，如全国宜商（安庆商会）联盟、全国阜阳商会联盟、全国池州商会联盟等。

2020年9月8日，第六届徽商奥斯卡全球年度盛典启动仪式暨长三角一体化高质量发展徽商对话在合肥举行。来自上海、江苏、浙江等长三角地区以及安徽省内外的200多位徽商企业家代表，安徽省异地商会代表，异地安徽商会代表齐聚一堂，共同见证两年一届的徽商年度盛会拉开帷幕，寻找长三角一体化高质量发展新机遇。本届盛典的主题是“创新力、发展力、引领力”，希望利用这一主题，寻找并弘扬在全球经济挑战中逆势发展、在新一轮信息革命中主动求变、在抗击新冠肺炎疫情中奋勇向前、在决战决胜脱贫攻坚中勇担使命的徽商榜样力量。此外，第六届徽商奥斯卡新标识也在此次仪式上正式发布。新标识以张开双臂、迎风飞扬的人物为主题，诠释了凝聚徽商力量、重塑徽商榜样的主旨。

2020年9月12日，环首都徽商会长联谊会暨京津冀协同发展研讨会在天津滨海新区徽商商会举办。华夏徽商联盟共同主席杨传德、天津滨海新区徽商商会会长魏国庆、华夏徽商联盟执行主席马悦凯等企业家代表出席了会议并见证了授牌仪式。此次活动促进了京津冀安徽商会企业家们相互了解，深化了环首都徽商会长之间、商会之间、徽商之间的互联互通、密切交流，推动了商会之间信息共享、互通有无。马悦凯就环首都徽商会长联谊会轮值制度作了说明。经各位会长共同商定，会议制定了《环首都徽商会长联谊会轮值制度》和《环首都徽商会长联谊会公约》。此次会议倡导大家要珍惜安徽人在异地组建成立商会的缘分，取长补短、相互学习，真诚相待、和睦相处，密切配合、凝聚合力，充分展现徽商团结、和谐的精神风貌，共同努力使环首都所有徽商商会成为全国的优质商会和安徽的一张名片，紧跟国家战略，抓住历史机遇，促进京津冀徽商协同发展，与珠三角、长三角徽商群体遥相呼应，实现环首都徽商大发展、大繁荣。

2020年9月20日，由上海市滁州商会承办，十家在沪地市商会联合协办的上海市安徽地市商会会长联谊会在上海举行。上海市蚌埠商会会长王志友、上海市安庆商会会长聂建明、上海市马鞍山商会会长徐剑、上海市阜阳商会会长金四海、上海市滁州商会会长罗兴刚、上海市铜陵商会会长古德玉、上海池州商会会长高宝霖、上海市淮南商会会长樊西堂、上海市六安商会会长刘守国、上海市亳州商会会长张春应邀参加会议，十家商会会长进行了对话和交流发言。此次活动还邀请了上海社科院院长张道根作专题报告——《世界形势与中国发展》。联谊会上，民政部原副部长顾朝曦，安徽省政协原副主席郑牧民，国家高端智库理事会理事长、上海社科院院长张道根，安徽省政府驻上海办事处党组书记、主任刘卫东，海军原副参谋长崔同贺少将，上海市政府合作交流办副主任黄建平，上海市工商联主席汪剑明等领导到会并分别讲话。

2020年9月29日，庐江县召开2020年迎中秋庆国庆庐江异地商会及在庐投资者代表座谈会。庐江县委书记王连贵出席会议并讲话，县政协主席汪庆才主持会议。县领导李卫、叶秀、熊杰、张平、王向阳、郭厚英、何平、唐晓春等与来自全国的庐江商会会长、秘书长共同参加了会议。会上，王连贵强调，异地商会作为联系家乡对外交流合作的桥梁和纽带，是广大在外经商创业的庐江籍人士交流合作、联络感情的重要平台和载体，也是庐江对外宣传和展示形象的窗口，希望大家继续为庐江经济社会发展献计献策，把家乡的风土人情、发展成果、特色优势等宣传推介出去，为家乡穿针引线、牵线搭桥，带动更多的企业来此投资兴业。

2020年11月9日至10日，为谋篇“十四五”，助推新跨越，安庆市举行2020年异地宜商回乡恳谈会，来自全国的24家异地安庆商会会长和秘书长，厦门、天津、海南、苏州四地拟成立安庆商会筹备组负责人，上海市安徽商会、福建省安徽商会、温州市安徽商会、嘉兴市安徽商会、辽宁省安徽商会、哈尔滨市安徽商会、沈阳市安徽商会会长等应邀参加了会议，安庆市直相关部门负责人、区县常务副区（县）长出席了此次恳谈会。恳谈会由安庆市政协主席章松主持，安庆市委书记魏晓明作为代表对回乡的宜商代表表示欢迎，对大家多年来不忘桑梓、助力家乡发展表示感谢。魏晓明说，“十三五”以来，安庆市重大基础设施日益完善，产业重塑格局正在形成，中心城市能级加速提升，脱贫攻坚胜利在望，城乡面貌发生了根本性变化，已经具备了与省内先进市同台竞争的底气，“十四五”时期将迎来跨越式发展的“窗口期”。他要求加快异地商会组建工作，建立常态化交流机制，更好发挥商会平台作用，凝聚安庆发展更强大力量。会上，安庆市委常委、常务副市长张君毅通报了安庆“十三五”期间经济社会发展及“十四五”规划编制情况，市招商中心相关负责人进行了招商推介；上海市安庆商会会长聂建明、上海市安徽商会会长洪清华等8位宜商代表先后发言，表示将尽己所能为安庆未来发展献计出力、添砖加瓦。

2020年11月28日，全国池州商会联盟第二届会议在杭州市举行，大会主题是“聚秋浦英才，筑钱塘商梦”。池州市人大常委会副主任、工商联主席王家莹，池州市副市长孙革新等与来自全国的池州商会会长齐聚杭州，参加杭州市池州商会的成立大会并召开联盟会议。

六、商会传承徽商文化

各商会组织通过安徽（徽商）大厦、安徽（徽商）会馆等形式来弘扬徽商精神，传承徽商文化。如苏州市安徽会馆、昆山市安徽商会会馆、温州市徽商文化会馆、上海市徽府、北京市印象徽庄、河北省安徽会馆等，这些场所已成为传播徽商文化的核心窗口。

一些商会的文化活动也助推了徽商文化的传播与传承。例如，2020年，苏州市安徽商会、上海安联（徽盟）、徽联汇等徽商组织开展了徽商重走徽杭古道的活动，上海市安徽商会、嘉兴市安徽商会等借助新徽商大讲堂平台积极传播徽商文化，济南馆驿街小学携手济南市安徽商会共同启动“徽文化研究教育基地”项目，杭州市阜阳商会举办“学徽商文化，促企业发展”活动，等等。

徽商企业

一、2020年徽商企业上市分析

企业上市虽然与企业的实力并非密切相关，但总体上来说，上市企业的形象优于非上市企业，上市企业的数量多少与当地的经济、产业发展、营商环境、城市竞争力、城市形象、发展活力等密切相关。徽商上市企业提升了徽商整体形象，引领了相关产业的发展。

2020年，安徽省新增A股首发上市公司20家，仅次于江苏、浙江、广东、北京、上海，居全国第6位，首次跻身全国第一方阵。其中，新增科创板上市公司8家，居全国第7位；新增创业板注册制上市公司4家，居全国第4位。截至2020年12月末，全省境内上市公司126家，居中部第1位、全国第9位。同时，IPO过会待上市企业数量领跑中部。截至2020年年底，全省IPO过会待上市企业7家，居中部第1位、全国第9位，为2021年全省企业上市开局工作打下坚实基础。此外，全省主板、中小板、科创板、创业板IPO上报在审企业21家，居中部第1位、全国第8位，

IPO报辅导备案企业67家，居中部第1位，形成了企业首发上市梯队可持续推进工作格局，为“十四五”期间我省进一步推进企业上市工作夯实了项目基础。

截至2020年年底，安徽在香港、纳斯达克等地上市的企业有14家，省外徽商上市企业有65家，各类徽商上市企业累计达204家（不包括新三板）。其中，省外徽商上市企业中，广东省徽商上市企业最多，而且大多数都是制造型和科技型的企业，这与珠三角地区制造业的发展有很大关联。省外徽商上市企业分布见表5、表6、表7、表8、表9所示。

表5 广东省徽商上市企业

序号	公司名称	股票代码	徽商	籍贯
1	比亚迪	002594.SZ 01211.HK	王传福	无为
2	比亚迪电子	00285.HK	王传福	无为
3	融捷股份	002192.SZ	吕向阳	无为
4	融捷健康	300247.SZ	吕向阳	无为
5	华讯方舟	000687.SZ	吕向阳	无为
6	迈瑞医疗	300760.SZ	李西廷	砀山
7	科达制造	600499.SH	边程	—
8	长盈精密技术	300115.SZ	陈奇星	望江
9	易事特	300376.SZ	何思模	宿松
10	歌力思服饰	603808.SH	夏国新	安徽
11	冰川网络	300533.SZ	刘和国	东至
12	达实智能	002421.SZ	刘磅	宿州

续 表

序号	公司名称	股票代码	徽商	籍贯
13	赛为智能	300044.SZ	周勇	舒城
14	名家汇	300506.SZ	程宗玉	六安
15	九鼎新材	002201.SZ	王文银	潜山
16	大富科技	300134.SZ	孙尚传	怀远
17	光汇石油	00933.HK	薛光林	天长
18	创世纪智能装备	300083.SZ	夏军	庐江
19	中盈盛达	01543.HK	吴列进	桐城
20	天源迪科	300047.SZ	陈友	铜陵
21	英唐智能	300131.SZ	胡庆周	淮北
22	德豪润达	002005.SZ	王冬雷	蚌埠
23	雷士国际	02222.HK	王冬雷	蚌埠
24	新国都	300130.SZ	江汉	六安
25	领益智造	002600.SZ	汪南东	绩溪
26	澳亚食品股份	AFC(NZAX)	夏阳	巢湖
27	澳洲三和建材	APX 819	夏阳	巢湖
28	美的集团	000333.SZ	方洪波	枞阳
29	同洲电子	002052.SZ	袁明	—
30	海普瑞	002399.SZ	李坦	阜阳
31	华孚时尚	002042.SZ	陈玲芬	淮北
32	佳士科技	300193.SZ	潘磊	东至

表6　江苏省徽商上市企业

序号	公司名称	股票代码	徽商	籍贯
1	苏宁易购	002024.SZ	张近东	天长
2	乐购仕	日本:ラオックス【8202】	张近东	天长
3	苏宁环球	000718.SZ	张桂平	天长
4	RedRover	韩国:RedRover	张桂平	天长
5	丰盛控股	00607.HK	季昌群	当涂
6	中国高速传动	00658.HK	季昌群	当涂
7	雨润食品	01068.HK	祝义财	桐城
8	中央商场	600280.SH	祝义财	桐城
9	国轩高科	002074.SZ	李缜	桐城
10	雅迪控股	01585.HK	董经贵	六安
11	中信博新能源	688408.SH	蔡浩	安庆

表7　上海市徽商上市企业

序号	公司名称	股票代码	徽商	籍贯
1	飞凯材料	300398.SZ	张金山	宿松
2	微盟集团	02013.HK	孙涛勇	宿松
3	中国物流资产	01589.HK	李士发	南陵
4	巨人网络	002558.SZ	史玉柱	怀远
5	蔚来汽车	NASDAQ:NIO	李斌	太湖
6	巴比食品	605338.SH	刘会平	怀宁

表8 浙江省徽商上市企业

序号	公司名称	股票代码	徽商	籍贯
1	兑吧集团	01753.HK	陈晓亮	怀宁
2	云集	NASDAQ:YJ	肖尚略	铜陵
3	慕容家具	01575.HK	邹格兵	望江
4	激智科技	300566.SZ	张彦	六安
5	天邦股份	002124.SZ	张邦辉	巢湖
6	长阳科技	688299.SH	金亚东	霍邱
7	美诺华药业	603538.SH	姚成志	霍山
8	奥锐特药业	605116.SH	彭志恩	桐城

表9 全国其他省份徽商上市企业

序号	公司名称	股票代码	徽商	籍贯
1	蓝鼎国际	00582.HK	仰智慧	潜山
2	远航港口	08502.HK	桂四海	桐城
3	布莱克万矿业	00159.HK	桂四海	桐城
4	珍宝岛药业	603567.SH	方同华	亳州
5	联想集团	00992.HK	杨元庆	合肥
6	老虎证券	NASDAQ:TIGR	巫天华	安徽
7	三人行传媒	605168.SH	钱俊冬	无为
8	悦康药业	688658.SH	于伟仕	太和

二、2020年世界企业500强中的徽商企业

2020年8月10日，美国《财富》杂志正式公布2020年世界500强排行榜，其中6家徽商企业上榜（见表10），2家安徽本土企业首次跻身世界500强榜单。

表10　2020年《财富》世界500强中的徽商企业

序号	企业名称	2020年排名	2019年排名
1	正威国际集团	91	119
2	联想集团	224	212
3	美的集团股份有限公司	307	312
4	苏宁易购集团	324	333
5	安徽海螺集团	367	441
6	铜陵有色金属集团	456	461

三、2020年中国企业500强中的徽商企业

2020年9月28日，在郑州主办的2020年中国500强企业高峰论坛上，中国企业联合会、中国企业家协会连续第19次向社会发布中国企业500强榜单，其中14家徽商企业上榜（见表11）。从入围企业数量来看，由于马钢整体并入宝武钢铁，徽商入围的数量相比2019年减少了1家；从名次来看，外省的徽商企业名次都有提升，美的集团保持上一年名次不变，本土的徽商企业除了海螺集团和安徽建工集团控股有限公司名次提升之外，其他都出

现了排名下降。

表11　2020年中国企业500强中的徽商企业

序号	企业名称	2020年排名	2019年排名
1	苏宁控股集团	18	19
2	正威国际集团有限公司	23	29
3	联想集团有限公司	50	53
4	美的集团股份有限公司	80	80
5	安徽海螺集团有限责任公司	92	105
6	铜陵有色金属集团控股有限公司	112	109
7	比亚迪股份有限公司	165	142
8	马钢(集团)控股有限公司	—	210
9	奇瑞控股集团有限公司	272	267
10	淮北矿业(集团)有限责任公司	302	287
11	安徽建工集团控股有限公司	358	401
12	安徽江淮汽车集团控股有限公司	384	342
13	中科电力装备集团有限公司	400	399
14	淮河能源控股集团有限责任公司	415	386
15	安徽省皖北煤电集团有限责任公司	481	472

2020年7月27日，《财富》中国500强排行榜揭晓，有15家徽商企业上榜（见表12）。

表12　2020年《财富》中国500强中的徽商企业

序号	企业名称	2020年排名	2019年排名
1	联想控股股份有限公司	23	21

续 表

序号	企业名称	2020年排名	2019年排名
2	美的集团股份有限公司	35	36
3	苏宁易购集团股份有限公司	39	39
4	安徽海螺水泥股份有限公司	68	71
5	比亚迪股份有限公司	80	70
6	铜陵有色金属集团股份有限公司	109	110
7	马鞍山钢铁股份有限公司	130	116
8	淮北矿业控股股份有限公司	173	173
9	安徽江淮汽车集团股份有限公司	219	183
10	安徽建工集团股份有限公司	220	234
12	徽商银行股份有限公司	309	313
13	山鹰国际控股股份公司	395	346
14	中粮生物科技股份有限公司	461	464
15	安徽辉隆农资集团股份有限公司	479	487

四、2020年中国民营企业500强中的徽商企业

2020年9月10日，2020中国民营企业500强峰会在北京举行，会上发布了2020年中国民营企业500强榜单，其中12家徽商企业上榜（见表13），比2019年增加了2家。

表13　2020年中国民营企业500强中的徽商企业

序号	企业名称	排名
1	苏宁控股集团	2
2	正威国际集团有限公司	3
3	联想控股股份有限公司	7
4	美的集团股份有限公司	12
5	比亚迪股份有限公司	37
6	文一投资控股集团	306
7	金鹏控股集团有限公司	367
8	广东领益智造股份有限公司	400
9	雅迪科技集团有限公司	409
10	华孚控股有限公司	419
11	山鹰国际控股股份公司	429
12	合肥维天运通信息科技股份有限公司	477

2020年11月25日，胡润研究院发布2020年中国民营企业500强榜单，其中29家徽商企业上榜（见表14）。

表14　2020年胡润中国民营企业500强中的徽商企业

序号	企业名称	排名
1	美的集团	10
2	迈瑞生物医疗电子	16
3	比亚迪	17
4	蔚来	19
5	正威国际集团	96

续 表

序号	企业名称	排名
6	信义光能	104
7	苏宁易购	112
8	科大讯飞	131
9	三七互娱	141
10	车好多	168
12	苏宁金服	192
13	联想集团	195
14	阳光电源	246
15	欧普康视	279
16	巨人网络	297
17	雅迪控股	318
18	美亚光电技术	338
19	口子窖	351
20	国轩高科	359
21	洽洽食品	383
22	中国东方教育	385
23	旷视科技	418
24	易事特集团	433
25	长盈精密技术	475
26	鸿路钢构	493
27	苏宁体育	493

续 表

序号	企业名称	排名
28	安科生物	497
29	三只松鼠	497

五、千亿级徽商企业

截至2020年年底，营收超千亿元的徽商企业共有10家（见表15）。

表15 营收超千亿元的徽商企业

序号	企业名称
1	安徽海螺集团
2	铜陵有色金属集团
3	中国宝武马钢集团
4	中铁四局集团
5	正威国际集团
6	联宝(合肥)电子科技有限公司
7	苏宁集团
8	美的集团
9	比亚迪
10	联想集团

六、2020年长三角企业百强榜中的徽商企业

2020年11月19日，江苏省企业联合会、江苏省企业家协会、上海市企业联合会、上海市企业家协会、浙江省企业联合会、浙江省企业家协会、安徽省企业联合会和安徽省企业家联合会联合发布了2020长三角企业百强榜，其中，上海有30家企业上榜，江苏有26家企业上榜，浙江有35家企业上榜，安徽有9家企业上榜。徽商企业有10家上榜（见表16）。

表16　2020长三角企业百强榜中的徽商企业

序号	企业名称	排名
1	苏宁控股集团	3
2	安徽海螺集团有限责任公司	17
3	铜陵有色金属集团控股有限公司	24
4	中铁四局集团有限公司	63
5	联宝(合肥)电子科技有限公司	68
6	全威(铜陵)铜业科技有限公司	73
7	美的集团芜湖公司	75
8	奇瑞控股集团有限公司	77
9	淮北矿业(集团)有限责任公司	89
10	合肥百货大楼集团股份有限公司	100

七、2020年行业榜单中的徽商企业

在2020年发布的各类行业榜单中，许多徽商企业榜上有名。

1.2020中国IT上市企业100强榜单

2020年11月23日，2020中国IT上市企业100强榜单发布，其中涵盖了纽交所、纳斯达克、港股、沪深主板、中小板、创业板以及最新的科创板上市企业。该榜单以“广义IT”公司为收录对象，取自证监会相关分类清单，并对每家公司的主营业务做了标识。该榜单以传统ICT设备商、软件商、服务商为主，并增加信息安全、工业互联网、芯片等热门板块，梳理细致，对于IT上市公司的价值判断有较强的参考性。科大讯飞、联想集团和国盾量子3家企业成为上榜的徽商企业。

2.2020全球新能源企业500强榜单

2020年11月27日，2020能源转型论坛暨第十届全球新能源企业500强峰会在山西太原举行。本届峰会以“转型 发展 共享共融”为主题，聚焦政策、趋势、市场、技术等领域，多方面、多角度探讨能源转型及新能源发展路径，为政府、企业、行业搭建沟通合作、共享协作的大平台。本次活动由山西省能源局、中国能源报社联合主办，中国长江三峡集团、山西吕梁市政府协办。本次会议发布了2020全球新能源企业500强榜单，10家徽商企业上榜（见表17）。

表17　2020全球新能源企业500强中的徽商企业

序号	企业名称	排名
1	阳光电源股份有限公司	73
2	比亚迪股份有限公司	88
3	中国高速传动设备集团有限公司	97
4	中粮生物科技股份有限公司	106
5	信义光能控股有限公司	123
6	国轩高科股份有限公司	208
7	合肥国轩高科动力能源有限公司	224
8	易事特集团股份有限公司	250
9	凯迪生态环境科技股份有限公司	350
10	江苏中信博新能源科技股份有限公司	394

3.中国餐饮红鹰奖

2020年12月1日至5日，由世界中餐业联合会和红餐网联合主办的首届中国餐饮品牌节暨2020中国餐饮品牌力峰会在广州召开，作为首届中国餐饮品牌节的重头戏，第二届中国餐饮红鹰奖盛典在第一届的基础上，整体更加丰富化。

中国餐饮红鹰奖是由红餐网携手官方机构和餐饮产业上下游专家共同创办的餐饮专业奖项，致力于将该奖项打造为“中国餐饮界的奥斯卡”，旨在挖掘中国最有价值的餐饮品牌，助力中国餐饮业健康发展。在历经海选、网络投票、综合评选近4个月的激烈竞争后，最终评选出了2020年度中国餐饮品牌力百强、2020年度中国餐饮杰出品牌（区域标杆）、2020年度中国餐饮最具投资价值品牌和2020年度中国餐饮风云人物四大奖项。

入选2020年度中国餐饮品牌力百强榜的徽商企业有：安徽老乡鸡餐饮股份有限公司、同庆楼餐饮股份有限公司、中饮巴比食品股份有限公司和安徽小菜园餐饮管理有限责任公司。

入选2020年度中国餐饮杰出品牌（区域标杆）榜的徽商企业有：安徽省刀板香餐饮管理有限公司、合肥市庐州太太餐饮有限责任公司、合肥王仁和米线餐饮管理有限公司和北京杨记兴餐饮管理有限公司。

4.2020（第四届）中国农业企业500强榜单

2020年12月26日，农民日报社、全国农业企业发展联盟、中国农业风险管理研究会等单位联合发布了2020（第四届）中国农业企业500强榜单，其中9家徽商企业上榜（见表18）。

表18　2020（第四届）中国农业企业500强中的徽商企业

序号	企业名称	排名
1	中粮生物科技股份有限公司	51
2	三只松鼠股份有限公司	81
3	天邦食品股份有限公司	124
4	洽洽食品股份有限公司	156
5	鲜丰水果股份有限公司	189
6	合肥丰乐种业股份公司	259
7	溜溜果园集团股份有限公司	424
8	安徽荃银高科种业股份有限公司	469
9	中饮巴比食品股份有限公司	493

5.2020中国智能汽车企业100强榜单

2021年1月28日，第一电动网联合华西证券，历时一个半月，通过公开资料查询结合线上调研和电话调研的方式，对整车、动力电池、电机电控、自动驾驶及智能座舱、动力电池材料和充换电6个板块近500家企业进行了盘点，以公司估值为核心排名依据，最终选出了110家入围企业，并在此基础上发布了2020中国智能汽车企业100强榜单，其中11家徽商企业上榜（见表19）。

表19　2020中国智能汽车企业100强中的徽商企业

序号	企业名称	排名
1	比亚迪	3
2	蔚来汽车	4
3	科大讯飞	17
4	国轩高科	25
5	合众汽车	57
6	易事特	62
7	伯特利	69
8	融捷股份	74
9	比亚迪半导体	86
10	巨一科技	99
11	蔚然动力	108

徽商人物

本书中的徽商人物是指省内外的各类徽商企业家，包括省外安徽籍的企业家和省内的企业家，他们弘扬徽商精神和企业家精神，带领企业开拓进取，不断创新，领跑行业发展。

一、多位徽商入选2020年胡润、福布斯、《财富》榜单

2020年2月26日，胡润研究院发布了2020胡润全球富豪榜。这是胡润研究院连续第九年发布全球富豪榜，来自71个国家、2182家公司的2816位财富达10亿美元的企业家登上该榜单，此次上榜企业家财富计算截止日期为2020年1月31日。其中有21位徽商企业家上榜（见表20）。

表20　2020胡润全球富豪榜中的徽商企业家

序号	姓名	财富/亿美元	主营业务	排名
1	王文银家族	145	有色金属	102
2	张近东	145	零售、房地产	102
3	李彦宏、马东敏夫妇	107	网络信息服务	166

续 表

序号	姓名	财富/亿美元	主营业务	排名
4	李西廷	91	医疗设备	202
5	史玉柱、史静父女	61	金融、在线游戏、投资	357
6	吕向阳、张长虹夫妇	53	投资	430
7	王传福	49	汽车、充电电池	493
8	李锂、李坦夫妇	38	医药	683
9	田明	25	专用设备制造业	1146
10	吴俊保	25	教育	1146
11	吴绪顺家族	24	在线游戏	1208
12	陈先保家族	17	农副产品加工业	1692
13	章燎原	17	食品	1692
14	俞发祥	16	基础设施建设、房地产	1805
15	方洪波	14	家电制造	2000
16	李缜、李晨父子	14	房地产、影视、电池	2000
17	吴伟	14	教育	2000
18	肖国庆	14	教育	2000
19	张桂平、张康黎父子	14	房地产、投资	2000
20	陈奇星	13	电子产品	2142
21	李斌	10	新能源汽车	2642

2020年4月7日，福布斯发布2020全球亿万富豪榜，中国内地企业今年的榜单成绩令人瞩目，有389位企业家上榜，且财富总额达1.2万亿美元。其中有16位徽商企业家上榜（见表21）。

表21　福布斯2020全球亿万富豪榜中的徽商企业家

序号	姓名	财富/亿美元	财富来源	排名
1	李西廷	116	医疗器械	108
2	王文银	79	矿业、铜产业	179
3	张近东	77	家电零售	184
4	王传福	44	电池、汽车	401
5	吕向阳	31	汽车、电池	648
6	田明	20	测量仪器	1063
7	吴绪顺及其家族	19	互联网、汽车零件	1135
8	吴俊保	15	教育	1415
9	章燎原	15	食品	1415
10	李坦	13	医药	1613
11	马东敏	13	互联网搜索	1613
12	史玉柱	13	网络游戏、投资	1613
13	张桂平及其家族	12	房地产	1730
14	陈奇星	11	电子部件	1851
15	方洪波	10	家用电器	1990
16	杨浩涌	10	电商	1990

2020年11月5日，福布斯发布2020年中国富豪榜，400位上榜者中有18位徽商企业家（见表22）。

表22　2020福布斯中国富豪榜中的徽商企业家

序号	姓名	财富来源	排名
1	李西廷	迈瑞医疗	20

续　表

序号	姓名	财富来源	排名
2	王文银	正威国际	31
3	王传福	比亚迪	39
4	张近东	苏宁	56
5	吕向阳	融捷集团/比亚迪	77
6	李斌	蔚来	133
7	董经贵家族	雅迪控股	170
8	田明	美亚光电	177
9	李卫伟	三七互娱	284
10	曹仁贤	阳光电源	297
11	陶悦群	欧普康视	297
12	曾开天	三七互娱	324
13	吴俊保	中国东方教育	329
14	吴绪顺家族	三七互娱	337
15	程先锋	亿帆医药	350
16	方洪波	美的集团	362
17	陈先保家族	洽洽食品	386
18	史玉柱	巨人集团	390

2020年5月12日，2020新财富500富人榜发布。2020新财富500富人榜的候选人需要满足四个条件：在中国的成人，来自商界，个人财富不低于63亿元，主要业务在中国内地。其中有25位徽商企业家上榜（见表23）。

表23　2020新财富500富人榜中的徽商企业家

序号	姓名	财富/亿元	主要公司	排名
1	李西廷	674	迈瑞医疗	24
2	李永新/鲁忠芳	658.4	中公教育	25
3	张近东/张康阳	355.2	苏宁易购	61
4	王文银/刘结红	323	正威国际	68
5	吴俊保家族	255.7	中国东方教育	104
6	王传福	244.9	比亚迪	106
7	史玉柱	218.9	巨人投资	123
8	吕向阳	207.1	融捷投资管理	134
9	李坦/李锂	180	海普瑞	160
10	田明	162.4	美亚光电	182
11	柯桂华家族	139.2	科博达	215
12	李卫伟	108.7	三七互娱	289
13	章燎原	103.2	三只松鼠	305
14	薛光林	97.8	光汇石油	323
15	程先锋	85.1	合肥亿帆药业	365
16	曾开天	82.1	三七互娱	377
17	季昌群	82.1	丰盛控股	377
18	吴绪顺家族	80.1	三七互娱	389
19	方洪波	79.6	美的集团	396
20	陈先保	76.3	洽洽食品	411
21	方同华家族	73.9	珍宝岛药业	425

续 表

序号	姓名	财富/亿元	主要公司	排名
22	陶悦群	71.2	欧普康视	440
23	何思模家族	67.2	易事特	470
24	陈奇星/陈美玲	65.8	长盈精密	486
25	张桂平/张康黎	64.5	苏宁环球	492

2020年10月20日，胡润研究院携手高端酱香白酒品牌衡昌烧坊，联合发布2020衡昌烧坊·胡润百富榜，这是胡润研究院自1999年以来连续第22次发布胡润百富榜，其中有5位徽商企业家入选该榜单前100名（见表24）

表24 2020衡昌烧坊·胡润百富榜前100名中的徽商企业家

序号	姓名	排名
1	李西廷	27
2	王文银	36
3	张近东	40
4	王传福	83
5	吕向阳、张长虹	84

二、2020年度创新力徽商

2020年9月12日，世界制造业大会江淮线上经济论坛·云上徽商论坛在合肥举行。本次论坛以“云聚徽商　智造未来”为主题，多位知名经济学家、徽商领军企业家和各地安徽商会会长等出席论坛并发表主旨演讲，论道徽商发展。本次论坛发布了2020

年度创新力徽商榜单，20位深耕制造业、勇立潮头、引领经济转型升级的徽商企业家上榜（见表25）。

表25　2020年度创新力徽商榜单

序号	姓名	所在企业名称与职务
1	刘屹	安徽艾可蓝环保股份有限公司董事长兼总经理
2	洪清华	上海景域驴妈妈旅游集团有限公司董事长
3	夏阳	广东银瑞投资管理集团有限公司董事长
4	孙元武	金鹏控股集团有限公司董事长
5	韩东成	安徽省东超科技有限公司董事长
6	方安江	黄山富田精工智造股份有限公司董事长
7	方桐舒	微盟集团执行董事兼SCG总裁
8	李中兵	南京首屏科技集团有限公司董事长
9	王文标	上海泓济环保科技股份有限公司董事长
10	张萍	安徽省安泰科技股份有限公司总经理
11	许建兵	安徽商信政通信息技术股份有限公司董事长兼总经理
12	孔飞	上海旗华水上工程建设股份公司董事长
13	冯强	北京永聚河环保科技有限公司董事长
14	李多山	合肥联信电源有限公司董事长
15	张健	中运国际集团董事长
16	严肃	安徽嘉日成投资集团有限公司董事长
17	徐智明	博瑞特热能设备股份有限公司董事长
18	陶正国	广州立达尔生物科技股份有限公司董事长
19	程雪翔	北京安汀医药生物科技有限公司董事长
20	薛道荣	河北道荣新能源科技有限公司董事长

2020年度创新力徽商颁奖词为：他们聚焦主业、深耕实体，扎根在制造业产业链上，在智能制造、绿色制造、服务制造领域开拓进取，是高质量发展的积极践行者；他们探路先行、勇立潮头，在新技术、新产品、新业态、新模式上推动产业转型，是新经济升级的引领者；他们驱动创新、蓄势待发，在新发展格局下奋力成长，积蓄着未来发展成“独角兽”或行业“单打冠军”的新锐力量，是用创新投资未来的追梦人。

三、口子窖新时代新徽商2020年度人物

2021年4月30日，由安徽广播电视台和安徽省工商联联合主办的“口子窖新时代新徽商2020年度人物”颁奖典礼在北京雁栖湖国际会展中心举行，正威国际集团董事局主席王文银、景域驴妈妈集团董事长洪清华等10人荣获“口子窖新时代新徽商2020年度人物”称号（见表26）。

表26 口子窖新时代新徽商2020年度人物

序号	姓名	职务
1	王文银	正威国际集团董事局主席 广东省安徽商会会长
2	洪清华	景域驴妈妈集团董事长 上海市安徽商会会长
3	潘保春	合肥荣事达电子电器集团董事长
4	余渐富	安徽南翔集团董事长 新安金融集团董事长
5	刘会平	中饮巴比食品股份有限公司董事长

续 表

序号	姓名	职务
6	束从轩	安徽老乡鸡快餐连锁企业董事长
7	屈东森	中国国际农博园董事长 湖南省安徽商会会长
8	吕嗣孝	上海航菱航空科技发展有限公司董事长
9	张凌云	掌阅科技股份有限公司创始人
10	杨银剑	昆山炫生活信息技术股份有限公司董事长

四、2020年其他榜单中的徽商企业家

2020年10月11日，被誉为酒界“奥斯卡”的中国酒业青云奖在济南举行首届年度颁奖盛典。中国酒业青云奖由行业专业媒体机构发起成立，邀请业界权威人士、行业咨询专家、权威媒体记者组成评审委员会，以独立第三方的权威、公正助力中国酒业健康发展新生态。这是中国酒业青云奖首次颁奖，多位徽商企业家获奖。其中，安徽迎驾集团股份有限公司董事长、总裁倪永培获评年度酿酒大师，安徽临水酒业股份有限公司总经理张云翩获评年度青年榜样，百川名品供应链股份有限公司董事长贾光庆获评年度营销大师。

2020年4月13日，财富中文网发布2020年中国最具影响力的50位商界领袖排行榜，其中有5位徽商企业家上榜（见表27）。该榜单于2005年首发，2020年是第16届。《财富》如此评价上榜的商界领袖：“他们的价值不仅体现在公司的成功时刻，更重要的是，他们勇于面对挑战，带领公司走过危机，寻找新的方向，

迈向下一个成功。”

表27　2020年中国最具影响力的50位商界领袖中的徽商企业家

序号	姓名	职位	排名
1	王传福	比亚迪董事会主席	3
2	张近东	苏宁易购董事长	15
3	方洪波	美的集团股份有限公司董事长兼总裁	16
4	杨元庆	联想集团董事局主席兼首席执行官	27
5	高登榜	海螺集团党委书记、董事长	42

五、2019—2020年度全国优秀企业家

2020年12月1日，2020全国企业家活动日暨中国企业家年会在东莞召开。全国企业家活动日暨中国企业家年会是中国企联与全国各地企联共同开展的一项具有重大影响力的活动。举办全国企业家活动日的目的主要是营造企业家健康成长环境，交流企业改革发展成功经验，弘扬企业家精神，提高企业家社会地位，促进我国企业家队伍成长。从1994年开始举办以来，企业家活动日得到了国家有关部委，各省、自治区、直辖市政府及部门的大力支持，赢得了广大企业家的高度赞许，已经发展成为层次高、规模大、影响力强的企业家盛会。此次大会表彰了“2019—2020年度全国优秀企业家”，徽商企业中科大讯飞股份有限公司董事长、总裁刘庆峰，安徽应流机电股份有限公司董事长杜应流，安徽口子酒业股份有限公司董事长、总经理徐进荣获“2019—2020年度全国优秀企业家”称号。

徽商制造

本书所说的徽商制造主要是指在制造业领域中的徽商企业。世界制造业大会在安徽举行让徽商制造飞速发展，新徽商凭借深厚的商业文化底蕴，创造出海螺、正威国际、比亚迪、奇瑞、古井贡酒、科大讯飞、雅迪、江淮等一批国人耳熟能详的民族品牌，不少品牌市场占有率甚至位居亚洲乃至世界的前列，成为“中国制造”乃至“世界制造”的代表，从跟跑到领跑，徽商制造不断刷新纪录。

安徽省2020年制造业高质量发展指数居全国第7位、中部第1位。其中，发展质效指数居全国第5位，营商环境排名居全国第7位，营商环境中的“政策”支撑体系项居全国第2位。

一、2020年世界制造业大会江淮线上经济论坛“四朵云”

2020年9月12日，世界制造业大会江淮线上经济论坛在安徽合肥举办。大会论坛通过线上线下相结合的方式，以“四朵云”的数字化会展形态，向世界制造业演绎一场行业“盛宴”。

1.云开幕——安徽制造迈向“数字时代”

2020年9月12日上午，世界制造业大会江淮线上经济论坛开幕式在合肥举行，主题是“线上经济赋能高质量发展”。近年来，安徽推动人工智能与实体经济深度融合，促进传统产业转型升级。今天的安徽，传统制造产业正在转型升级，全面迈向数字化、智能化时代。

全球中小企业联盟主席武尔夫在视频致辞中说，数字技术、网络技术和智能技术日益融入产品研发、设计、制造的全过程，推动产品生产方式的重大变革，传统制造加速向以人工智能、机器人和数字制造为核心的智能制造转变。此次世界制造业大会江淮线上经济论坛，对培育新技术、新产业、新业态、新模式，引导数字经济和实体经济深度融合，推动经济高质量发展具有重要意义。本次大会论坛采取云端办会模式，除设置在合肥的主会场外，全省16个市设立分会场，与主会场视频连线。

2.云展示——虚拟展馆让观众身临其境

大会搭建了云端虚拟展馆，运用5G、VR/AR等现代信息技术手段，在线上集中展示我省制造业和线上经济领域重点企业和产品。云展馆持续1个月时间，其间24小时运行。用手机登录“世界制造业大会云展馆”后，手指轻轻滑动，就能跟随“墨子”号导航，360度在展馆云端“漫步”。如果选择“精品路线”，可以快速领略展馆的亮点精华。云展示主要包括序厅、各市展厅、长三角一体化馆等。其中，序厅彰显智能制造和安徽特色，各市展厅体现市情风貌和优势产业，长三角一体化馆展示长三角区域一体化发展成果等。在参观过程中，观众可以在展位中与参展企业深度“交流”，还可以为自己喜欢的城市和企业点赞助力。此次云展示共有16个市推荐的220多家企业参展，展示了量子通信、动态存储芯片、陶铝新材料、超薄玻璃等重点企业和产品。

3. 云论坛——阿里将在皖打造“客服县”

在2020年9月12日上午举行的主旨论坛上，中国商飞、中国中车、阿里巴巴、哔哩哔哩、华为、长鑫等企业负责人和部分专家学者发表演讲，大众汽车、安永、惠而浦等知名外企负责人发表视频演讲。2020年6月，阿里巴巴集团、蚂蚁集团和安徽省政府正式达成战略合作，阿里巴巴在安徽的发展由此迈入了新的阶段。对于未来数字化升级，阿里巴巴集团首席执行官张勇表示：“每个人都会是数字化的建设者，也将是数字化的受益者。”另外，张勇认为，新基建是未来十年新消费、新商业、新治理的关键支撑，而制造业和数字化的深度融合，是高质量发展的关键。“阿里巴巴数字经济体将带动物联网、大数据、人工智能、区块链等高技术产业在安徽的集聚和发展，助力制造业走向全面智能化，助力安徽建设‘数字江淮’和‘两地一区’。”当天，阿里巴巴集团客户体验事业群还与安徽省就“客服县”项目签署战略合作协议，共同在宿州、宿松、五河、和县、繁昌、颍上六地建设阿里巴巴客户体验中心，为当地提供数字经济人才培养和就业机会。9月12日下午，大会论坛还举办了长三角一体化发展、5G+工业互联网、数字新智造、云上徽商等多场专题论坛，广泛邀请全球制造业、互联网领军企业负责人，以及知名徽商企业家、顶尖专家学者等，共同研讨前沿科技和先进制造发展路径，并发布了多项成果。

4. 云签约——签约项目投资总额6000多亿元

2020年9月12日，大会论坛重点围绕科技创新、新兴产业、公共服务和“新基建”等领域，选择一批具有代表性的“六百”对接项目以及长三角地区投资合作项目，在主会场和16个市的分会场同步集中签约。大会论坛共签约项目600多个，投资总额达6000多亿元。其中，在主会场分6批共签约60个合同类项目，投资总额达1913亿元。各地各部门将对签约项目予以全力服务保障，让签约项目加快落地建设，为安徽产业转型升级、经济社会发展作出贡献。此次活动中合肥市共签约111个项目，总投资额1509亿元。中节能环保总部基地、京东智能制造产业园、光学光电产业基地、医药产业园等一批重大项目被引进，其中超百亿元的项目有3个。此次签约项目产业层次高，涉及集成电路、新型显示、生物医药、节能环保、高端装备制造、新基建等领域，战略性新兴产业比重达70%。据了解，一批现代物流、总部基地和文体健康项目落地后将大大提升城市服务功能。

二、徽商制造入选各类榜单

2020年9月28日，在郑州主办的2020中国500强企业高峰论坛上，中国企业联合会、中国企业家协会连续第19次向社会发布中国制造业企业500强榜单，其中23家徽商企业上榜（见表28）。

表28　2020中国制造业企业500强中的徽商企业

序号	企业名称	排名
1	正威国际集团有限公司	5
2	联想集团控股股份有限公司	15
3	美的集团股份有限公司	21

续 表

序号	企业名称	排名
4	安徽海螺集团有限责任公司	30
5	铜陵有色金属集团控股有限公司	42
6	比亚迪股份有限公司	67
7	奇瑞控股集团有限公司	118
8	安徽江淮汽车集团控股有限公司	177
9	中科电力装备集团有限公司	184
10	山鹰国际控股股份公司	322
11	安徽楚江科技新材料股份有限公司	388
12	安徽淮海实业发展集团有限公司	419
13	安徽天大企业(集团)有限公司	428
14	安徽中鼎控股(集团)股份有限公司	432
15	安徽丰原集团有限公司	434
16	阳光电源股份有限公司	438
17	雅迪科技集团有限公司	458
18	铜陵精达特种电磁线股份有限公司	459
19	安徽环新集团股份有限公司	463
20	安徽古井集团有限责任公司	470
21	普联技术有限公司	484
22	安徽天康(集团)股份有限公司	488
23	安徽省贵航特钢有限公司	498

2020年9月10日上午，2020中国民营企业500强峰会在北京举行，会上揭晓了2020中国制造业民营企业500强榜单，其中22

家徽商企业上榜（见表29）。

表29　2020中国制造业民营企业500强中的徽商企业

序号	企业名称	排名
1	正威国际集团有限公司	2
2	联想集团控股股份有限公司	4
3	美的集团股份有限公司	6
4	比亚迪股份有限公司	20
5	雅迪科技集团有限公司	234
6	华孚控股有限公司	243
7	山鹰国际控股股份公司	249
8	安徽楚江科技新材料股份有限公司	326
9	深圳迈瑞生物医疗电子股份有限公司	331
10	南京金箔控股集团有限责任公司	339
11	安徽天大企业(集团)有限公司	368
12	安徽丰原集团有限公司	374
13	安徽中鼎控股(集团)股份有限公司	375
14	阳光电源股份有限公司	380
15	铜陵精达特种电磁线股份有限公司	401
16	安徽环新集团股份有限公司	408
17	普联技术有限公司	435
18	安徽鸿路钢结构(集团)股份有限公司	438
19	安徽天康(集团)股份有限公司	443
20	长江精工钢结构(集团)股份有限公司	455

续　表

序号	企业名称	排名
21	安徽省贵航特钢有限公司	462
22	合肥华泰集团股份有限公司	494

2020年11月26日，由广东省制造业协会、广东省发展和改革研究院、暨南大学产业经济研究院主办的2020广东省制造业发展年会暨广东省制造业500强企业峰会在中山市举行，大会发布了《2020年广东制造业500强企业研究报告》，14家徽商企业入选2020年广东制造业500强榜单（见表30）。

表30　2020年广东制造业500强中的徽商企业

序号	企业名称	排名
1	正威国际集团有限公司	2
2	美的集团股份有限公司	4
3	比亚迪股份有限公司	7
4	深圳迈瑞生物医疗电子股份有限公司	41
5	深圳市英唐智能控制股份有限公司	54
6	普联技术有限公司	58
7	深圳市长盈精密技术股份有限公司	70
8	科达制造股份有限公司	88
9	广东创世纪智能装备股份有限公司	104
10	易事特集团股份有限公司	147
11	深圳市新国都股份有限公司	180
12	清远楚江铜业有限公司	219

续 表

序号	企业名称	排名
13	深圳广田方特科建集团股份有限公司	280
14	东莞市普联技术有限公司	365

2020年11月19日，江苏省企业联合会、江苏省企业家协会、上海市企业联合会、上海市企业家协会、浙江省企业联合会、浙江省企业家协会、安徽省企业联合会和安徽省企业家联合会联合发布了2020长三角企业百强榜，其中10家安徽企业入选2020长三角制造业企业百强榜（见表31）。

表31　2020长三角制造业企业百强榜中的徽商企业

序号	企业名称	排名
1	安徽海螺集团有限责任公司	7
2	铜陵有色金属集团控股有限公司	11
3	联宝(合肥)电子科技有限公司	38
4	全威(铜陵)铜业科技有限公司	43
5	美的集团芜湖公司	44
6	奇瑞控股集团有限公司	45
7	安徽江淮汽车集团控股有限公司	59
8	美的集团合肥公司	66
9	安徽中烟工业有限责任公司	68
10	中国石油化工股份有限公司安庆分公司	73

为深入贯彻《中共安徽省委安徽省人民政府关于开展质量提升行动推进质量强省建设的实施意见》（皖发〔2018〕30号），大力推进品牌建设，安徽省市场监管局开展了2020年安徽省制造业

高端品牌培育企业评价工作。经企业自愿申请、各市（县）市场监管局推荐、资格审核、首轮公示和专家综合评价，省市场监管局局长办公会审议，157家企业入选2020年安徽省制造业高端品牌培育企业名单（见表32）。

表32　2020年安徽省制造业高端品牌培育企业入选名单

序号	企业名称
1	阳光电源股份有限公司
2	合肥通用机械研究院有限公司
3	安徽丰乐香料有限责任公司
4	安徽安利材料科技股份有限公司
5	合肥泰禾光电科技股份有限公司
6	科大讯飞股份有限公司
7	安徽合力股份有限公司
8	会通新材料股份有限公司
9	合肥华润神鹿药业有限公司
10	洽洽食品股份有限公司
11	合肥市荣事达电子电器集团有限公司
12	合肥晶澳太阳能科技有限公司
13	安徽皖维高新材料股份有限公司
14	合肥美亚光电技术股份有限公司
15	安徽元琛环保科技股份有限公司
16	合肥中南光电有限公司
17	安徽皖仪科技股份有限公司

续 表

序号	企业名称
18	欧普康视科技股份有限公司
19	安徽新希望白帝乳业有限公司
20	长虹美菱股份有限公司
21	安徽省富光实业股份有限公司
22	劲旅环境科技股份有限公司
23	兆科药业(合肥)有限公司
24	合肥工大高科信息科技股份有限公司
25	安徽龙磁科技股份有限公司
26	合肥恒大江海泵业股份有限公司
27	合肥欣奕华智能机器有限公司
28	合肥实华管件有限责任公司
29	合肥海源机械有限公司
30	合肥华凌股份有限公司
31	安徽丰乐农化有限公司
32	安徽荃银高科种业股份有限公司
33	合肥合锻智能制造股份有限公司
34	合肥乐凯科技产业有限公司
35	合肥长源液压股份有限公司
36	中水三立数据技术股份有限公司
37	安徽海神黄酒集团有限公司
38	科希曼电器有限公司

续 表

序号	企业名称
39	安徽中意胶带有限责任公司
40	临涣焦化股份有限公司
41	安徽省矿业机电装备有限公司
42	安徽雷鸣科化有限责任公司
43	安徽巨成精细化工有限公司
44	安徽翰联色纺股份有限公司
45	安徽古井贡酒股份有限公司
46	安徽和邦纺织科技有限公司
47	安徽正宇面粉有限公司
48	安徽骄阳软门有限责任公司
49	安徽瑞虎肥业有限公司
50	利辛县富亚纱网有限公司
51	安徽雪龙纤维科技股份有限公司
52	安徽新大陆特种涂料有限责任公司
53	安徽安特食品股份有限公司
54	安徽飞凯电子技术有限公司
55	宿州市皖神面制品有限公司
56	安徽昊方机电股份有限公司
57	蚌埠依爱消防电子有限责任公司
58	蚌埠福淋乳业有限公司
59	蚌埠市兄弟粮油食品科技有限公司

续 表

序号	企业名称
60	蚌埠市双环电子集团股份有限公司
61	安徽省东博米业有限公司
62	蚌埠天成包装科技股份有限公司
63	安徽银河皮革有限公司
64	安徽贝克联合制药有限公司
65	安徽强旺调味食品有限公司
66	安徽兴安电气设备股份有限公司
67	安徽省天助纺织科技集团股份公司
68	安徽晋煤中能化工股份有限公司
69	安徽省文胜生物工程股份有限公司
70	安徽金源家居工艺品有限公司
71	界首市天鸿新材料股份有限公司
72	安徽春升新能源科技有限公司
73	安徽唐兴机械装备有限公司
74	安徽省寿县丰茂农产品开发有限公司
75	淮南万泰电子股份有限公司
76	美亚高新材料股份有限公司
77	淮南泰隆机械制造有限公司
78	安徽天康集团股份有限公司
79	安徽金禾实业股份有限公司
80	安徽全柴动力股份有限公司

续 表

序号	企业名称
81	安徽明光酒业有限公司
82	安徽华塑股份有限公司
83	安徽达诺乳业有限公司
84	明光浩淼安防科技股份公司
85	安徽徽宁电器集团股份有限公司
86	安徽开润股份有限公司
87	六安市海洋羽毛有限公司
88	安徽阳光照明电器有限公司
89	大团结农业股份有限公司
90	安徽省六安恒源机械有限公司
91	六安江淮电机有限公司
92	六安捷通达新材料有限公司
93	安徽星鑫化工科技有限公司
94	安徽永成电子机械技术有限公司
95	安徽华菱汽车有限公司
96	泰尔重工股份有限公司
97	中钢天源股份有限公司
98	马鞍山统力回转支承有限公司
99	安徽威达环保科技股份有限公司
100	安徽日发纺织机械有限公司
101	安徽华星化工有限公司

续 表

序号	企业名称
102	安徽科达洁能股份有限公司
103	安徽古麒绒材股份有限公司
104	格力电器(芜湖)有限公司
105	安徽楚江科技新材料股份有限公司
106	安徽太平洋电缆股份有限公司
107	奇瑞汽车股份有限公司
108	安徽德孚转向系统股份有限公司
109	安徽恒均粉末冶金科技股份有限公司
110	埃夫特智能装备股份有限公司
111	芜湖新兴铸管有限责任公司
112	瑞鹄汽车模具股份有限公司
113	芜湖泰和管业股份有限公司
114	安徽华能电缆集团有限公司
115	中电科芜湖钻石飞机制造有限公司
116	芜湖三花自控元器件有限公司
117	安徽神剑新材料股份有限公司
118	芜湖市卓亚电气有限公司
119	芜湖中集瑞江汽车有限公司
120	安徽龙庵电缆集团有限公司
121	安徽华宇电缆集团有限公司
122	芜湖市容川机电科技股份有限公司

续 表

序号	企业名称
123	芜湖百益人防工程防护设备有限公司
124	芜湖禾田汽车工业有限公司
125	安徽生信新材料股份有限公司
126	安徽省司尔特肥业股份有限公司
127	中国宣纸股份有限公司
128	安徽宏宇铝业有限公司
129	安徽省小山卫生材料有限公司
130	安徽新涛光电科技有限公司
131	宣城福美达新材料有限公司
132	宁国市大荣电器有限公司
133	安徽卧龙泵阀股份有限公司
134	安徽皖南新维电机有限公司
135	铜陵精达特种电磁线股份有限公司
136	安徽安科恒益药业有限公司
137	铜陵天海流体控制股份有限公司
138	文一三佳科技股份有限公司
139	安徽赛福电子有限公司
140	铜陵铜泉线缆科技有限公司
141	安徽孟凌精密电子有限公司
142	安徽科居新材料科技有限公司
143	安徽方兴实业股份有限公司

续 表

序号	企业名称
144	安徽华茂纺织股份有限公司
145	安庆回音必制药股份有限公司
146	安庆帝伯格茨活塞环有限公司
147	安庆汇通汽车部件股份有限公司
148	安徽联河股份有限公司
149	安徽永恒动力科技有限公司
150	安徽集友新材料股份有限公司
151	黄山永新股份有限公司
152	安徽省祁门县黄山电器有限责任公司
153	黄山桃源食品有限公司
154	昌辉汽车电器(黄山)股份公司
155	黄山富田精工制造有限公司
156	安徽红爱实业股份有限公司
157	安徽中天石化股份有限公司

三、徽商制造与专精特新“小巨人”

2020年11月13日，工业和信息化部发布《关于第二批专精特新“小巨人”企业名单的公示》，公示名单共1744家专精特新“小巨人”企业，其中有67家安徽企业入选（见表33）。

表33 入选第二批专精特新“小巨人”企业的安徽企业

序号	公司名称
1	合肥芯碁微电子装备股份有限公司
2	合肥华升泵阀股份有限公司
3	淮南万泰电子股份有限公司
4	瑞鹄汽车模具股份有限公司
5	黄山富田精工智造股份有限公司
6	安徽合凯电气科技股份有限公司
7	安徽海神黄酒集团有限公司
8	芜湖金牛电气股份有限公司
9	科大国盾量子技术股份有限公司
10	合肥海特微波科技有限公司
11	芜湖张恒春药业有限公司
12	博瑞特热能设备股份有限公司
13	劲旅环境科技股份有限公司
14	安徽天一重工股份有限公司
15	安徽太平洋电缆股份有限公司
16	安徽扬子地板股份有限公司
17	安徽芯瑞达科技股份有限公司
18	合肥星波通信技术有限公司
19	安徽华烨特种材料有限公司
20	安徽龙波电气有限公司
21	安徽省六安恒源机械有限公司

续 表

序号	公司名称
22	安徽苏立科技股份有限公司
23	黄山神剑新材料有限公司
24	安徽中天石化股份有限公司
25	合肥金星机电科技发展有限公司
26	安徽应流航源动力科技有限公司
27	安徽雄峰实业有限公司
28	安徽华米信息科技有限公司
29	安徽青松食品有限公司
30	安徽博一流体传动股份有限公司
31	安徽山河药用辅料股份有限公司
32	安庆永大体育用品有限公司
33	安徽华信电动科技股份有限公司
34	安徽皖南电机股份有限公司
35	安庆市康明纳包装有限公司
36	六安江淮永达机械制造有限公司
37	合肥科拜耳新材料有限公司
38	安徽唐兴机械装备有限公司
39	安徽电缆股份有限公司
40	安徽东海机床制造有限公司
41	合肥康尔信电力系统有限公司
42	安徽壹石通材料科技股份有限公司

续 表

序号	公司名称
43	界首市天鸿新材料股份有限公司
44	安庆市虹泰新材料有限责任公司
45	马鞍山宏力橡胶制品有限公司
46	安徽江南化工股份有限公司
47	铜陵兢强电子科技股份有限公司
48	安徽协和成药业饮片有限公司
49	安徽佳力奇先进复合材料科技股份公司
50	安徽凤凰滤清器股份有限公司
51	铜陵天海流体控制股份有限公司
52	安徽安簧机械股份有限公司
53	安徽黄山恒久链传动有限公司
54	黄山创想科技股份有限公司
55	安徽东平木业股份有限公司
56	安徽紫金新材料科技股份有限公司
57	蚌埠天成包装科技股份有限公司
58	安徽徽宁电器仪表集团有限公司
59	淮北市中芬矿山机器有限责任公司
60	蚌埠市双环电子集团股份有限公司
61	安徽九方制药有限公司
62	安徽富瑞雪化工科技股份有限公司
63	安徽贝克联合制药有限公司

续 表

序号	公司名称
64	安徽扬子空调股份有限公司
65	安徽黄山胶囊股份有限公司
66	安徽均益金属科技股份有限公司
67	合肥恒大江海泵业股份有限公司

什么样的企业才能申请专精特新“小巨人”企业呢？

（1）必备条件

①在中华人民共和国境内工商注册登记、连续经营三年以上并具有独立法人资格的中小企业，符合《中小企业划型标准规定》（工信部联企业〔2011〕300号）规定，属于省级中小企业主管部门认定或重点培育的“专精特新”中小企业、拥有被认定为“专精特新”产品的中小企业以及其他创新能力强、市场竞争优势突出的中小企业。②坚持专业化发展战略，长期专注并深耕于产业链某一环节或某一产品，能为大企业、大项目提供关键零部件、元器件和配套产品以及专业生产的成套产品。企业主导产品在国内细分行业中拥有较高的市场份额。③具有持续创新能力，在研发设计、生产制造、市场营销、内部管理等方面不断创新并取得比较显著的效益，具有一定的示范推广价值。④管理规范、信誉良好、社会责任感强，生产技术、工艺及产品质量性能国内领先，具有较好的品牌影响力。企业重视并实施长期发展战略，重视人才队伍建设，核心团队具有较好专业背景和较强生产经营能力，有发展成为相关领域国际领先企业的潜力。

有下列情况之一的企业，不得被推荐：申请过程中提供虚假信息的；近三年发生过安全、质量、环境污染事故的；有偷漏税和其他违法违规、严重失信行为的。

（2）重点领域

专精特新“小巨人”企业主导产品应符合《工业“四基”发展目录》所列重点领域，从事细分产品市场属于制造业核心基础零部件、先进基础工艺和关键基础材料；或符合制造强国战略明确的十大重点产业领域，属于重点领域技术路线图中有关产品；或属于产业链供应链关键环节及关键领域“补短板”产品；或属于国家和各省（区、市）重点鼓励发展的支柱和优势特色产业等领域。

（3）专项条件

①经济效益。上年度企业营业收入在1亿元以上，近2年主营业务收入或净利润的平均增长率达到10%以上，企业资产负债率不高于70%。

②专业化程度。企业从事特定细分市场时间达到3年及以上，其主营业务收入占营业收入70%以上，主导产品享有较高知名度，且细分市场占有率位于全省前3位（如有多个主要产品的，产品之间应有直接关联性）。

③创新能力。近2年企业研发经费支出占营业收入比重不低于3%，从事研发和相关技术创新活动的科技人员占企业职工总数的比例不低于15%。截至2019年年底，拥有与主要产品相关的有效发明专利（含集成电路布图设计专有权）2项或实用新型、外观设计专利5项及以上。企业具有自主知识产权的核心技术和科技成果，具备良好的科技成果转化能力。企业自建或与高等院校、科研机构联合建立研发机构，具备完成技术创新任务所必备

的技术开发仪器设备条件或环境（设立技术研究院、企业技术中心、企业工程中心、院士专家工作站、博士后工作站等）。在研发设计、生产制造、供应链管理等环节，至少1项核心业务采用信息系统支撑。

④经营管理。企业有完整的精细化管理方案，取得相关质量管理体系认证。企业实施系统化品牌培育战略并取得良好绩效，拥有自主品牌（含非物质文化遗产、地理标志商标等）。企业产品生产执行国际、国内、行业标准等，或是产品通过发达国家和地区产品认证（国际标准协会行业认证）。

徽商创新

创新是企业基业长青的源泉和动力。创新引领产业发展、推动科技进步，新徽商引领的新能源、智能语音、家电、人工智能等，无一不是以创新为抓手，通过创新来创造价值，实现新时代新徽商高质量发展。

一、徽商创新，一脉相承

徽商具有创新的意识。当初大部分徽商所在的皖南地区，从现在的角度来看可谓名山秀水甲天下，但是从过去的角度来看，不仅生存环境相对恶劣，还缺少可以走出去的坦途，缺少可以翱翔的广阔天空，甚至被大山、河流以及狭隘的眼光挡住了去路，如果不走出去，他们只能坐井观天。但是有了这种创新意识，一个不断向上的商帮便有了必须走出去的力量。“前世不修，生在徽州，十三四岁，往外一丢。”为什么？因为要成长，要发展，要找到自己存在下去的发展空间。而走出去又要如何生存？他们多数人是带着茶叶等山货特产走出去的，但更多的是带着家乡的梦想走出去的，这就是他们用创新改变现实走出去的第一步。他们身上不仅有吃苦耐劳、开拓创新的精神，还有敢于寻找新天地，敢于与这个世界陌生的事物融为一体的魄力。这种创新意识的传承，就是现在徽商能够历经百年再次崛起的原因，就是中华民族能够历经百年磨难后再次崛起的动力，因为它足够强大。

徽商具有创新的理念。“梦想还是要有的，万一实现了呢！”创新的理念可以改变现实。徽商创新的理念体现在哪里？大家常以“徽骆驼”“绩溪牛”来定义他们，其实，他们深度的创新理念就体现在他们企业具体的发展历程中。“无徽不成镇，无徽不成商”，前者形容徽商众多，足迹遍布全国；后者体现的则是商业的文明、理念和价值。“徽”字是山水人文的组合体，这恰恰就是徽商创新的理念。徽商创新的理念引导了一代又一代徽商，使他们成为一批又一批的商业领袖。这样的创新理念更像是一种徽商的气质、徽商的传承、徽商的故事，这种气质浓浓地融化在他们的血液中，这种气质就是把徽商和其他商帮区别开来的一个重要特征。

徽商具有创新的文化。徽商的文化可以说是最丰富的文化之一，他们不仅有教书育人、悬壶济世，以及奉行慈爱、诚信的文化，更有强烈的品牌文化意识。过去，我们能想到的品牌只有张小泉、王致和，少之又少，而同仁堂只能算作一个品名和品类，不是一个具体的产品；现在以徽茶为例，徽茶包括黄茶、绿茶、红茶，好的黄茶有霍山黄芽，好的绿茶有黄山毛峰、六安瓜片，好的红茶有祁门红茶。所以徽商一直注重在品牌文化上的标新立异和自我的文化传承，这是徽商独有的文化。此外，他们更知道如何经营好产品，我们已知世界上最早的典当、票号、商号、盐号，大多都有徽商的身影，他们不仅留下自己珍贵的商业智慧和文明，还留下了徽商的创新文化。

徽商具有创新的精神。创新精神是一种传承，是一种血脉。中华民族为什么在五千年的奔涌、开拓、发展当中从来没有断流，这就是因为他们传承了一种精神，这种精神叫作中华民族的精神，这种气派叫作中华民族的气派，这种故事就叫作中华民族的传奇。而徽商的创新精神就是中华民族精神的一个具体的呈现和表达。在这种创新精神中，我们看到了非常多的徽商企业和徽商企业家正在成为世界经济发展中的翘楚，正在成为引领世界经济的宠儿，更是这个时代的骄子。科大讯飞、东超科技等徽商企业在高科技领域的创新就表明我们要始终如一，走在创新的前列。创新是什么？创新一定是立于我们这个民族土地上的创新，一定是立于我们这个时代需求上的创新，一定是立于我们个人修为上的创新，这种创新给我们生活、命运、企业、时代都将带来改变。

二、徽商创新，从“跟跑”到“领跑”

下好“先手棋”，抢占制高点。2017年1月10日，经国务院同意，国家发改委和科技部正式批准安徽省建设合肥综合性国家科学中心。这是继上海之后国家正式批准建设的第二个综合性国家科学中心，标志着安徽在全国创新大格局中占据了重要地位，成为代表国家参与全球科技竞争与合作的重要力量。以合肥综合性国家科学中心为主基地，安徽着力构建“四个一”创新主平台，有序推进“一室一中心”分平台建设，统筹推进原始创新、技术创新、产业创新和制度创新，构建形成由点到面、由中心到全局的省域创新网络。4年多来，安徽国家级研发平台突破200家，增长39%；41项科技成果获得国家科技奖。

瞄准最前沿，取得新突破。依托大科学装置，安徽省在原始创新领域，对标世界一流，取得了一系列令人瞩目的成果。被称为“人造太阳”的全超导托卡马克实验装置，2017年创造了101.2秒稳态长脉冲高约束等离子体运行新的世界纪录，2018年获得可重复的大于1亿摄氏度等离子体；2019年，ITER（国际热核聚变实验堆）计划首个大型超导磁体线圈在合肥竣工交付；合肥同步辐射光源实现恒流运行，性能达到国际三代光源先进水平；稳态强磁场实验装置获重大突破，磁场强度达42.9 T，位列世界第二；量子科学实验卫星“墨子号”发射升空；世界首条量子保密通信干线“京沪干线”正式开通；在国际上首次实现千公里级基于纠缠的量子密钥分发；自主研发缓冲拉杆关键部件，保障“嫦娥四号”实现人类探测器首次在月球背面软着陆；6家科研机构和企业的最新成果为“天问一号”火星探测器保驾护航；为北斗导航系统提供3000多套部件产品……关键领域创新由“跟跑并跑”向“并跑领跑”迈进。

近年来，安徽抢抓新一轮全球科技革命和产业变革机遇，聚焦新型显示、集成电路、人工智能等重点产业打造城市“产业地标”，推动战略性新兴产业成为创新驱动的主引擎、转型升级的主抓手、高质量发展的主动力，聚力“芯屏器合”“集终生智”，打造“产业地标”。

所谓“芯”，指芯片产业。目前合肥已集聚了包括长鑫存储在内的186家集成电路企业，致力于打造世界一流的存储产业集群。

所谓“屏”，指新型显示产业。合肥是集6代线、8.5代线、10.5代线于一身的世界最大平板显示基地。

所谓“器”，指装备制造及工业机器人产业。当前，安徽的六轴机器人产量已居全国第一位。

所谓“合”，指人工智能和制造业加快融合。合肥打造的“中国声谷”已集聚包括科大讯飞、华米科技、海康威视、寒武纪等在内的600余家企业，形成了国内最具代表性的人工智能产业生态圈。

所谓“集”就是集成电路、动态储存。

所谓“终”指白色家电、新能源汽车等面向消费终端的现代制造业。

所谓“生”指生物医药大健康。

所谓“智”就是人工智能。

据了解，自2008年引进建设国内首条高世代液晶显示器件生产线合肥京东方6代线以来，安徽积极抢抓新型显示产业战略发展机遇，依托核心企业，集聚优质资源，从零起步、快速突破，使全省新型显示产业从无到有、从小到大、从弱到强，发展成长为安徽重要的战略性新兴支柱产业。从6.5代线到8.5代线再到10.5代线，京东方落户合肥10多年来，在新型显示面板领域已跻身世界先进行列，完成了从行业追赶者到领跑者的身份转变，汇聚产业链配套企业70多家。京东方自主建设的合肥10.5代线，其整体设备的自动化和智能化水平及采用的核心工艺技术均为业界最高水平，打造了全球最大的半导体显示产业基地，吸引了产业链集群化高端布局，对拉动我国半导体技术、光学光电子技术、材料与装备的发展具有重大战略意义。

玻璃是液晶显示屏使用的主要基板材料，在液晶显示领域占有重要地位。特别是在移动数码设备轻量化、超薄化的消费趋势推动下，电子产品的触控面板和显示面板所用的超薄玻璃成为电子信息显示产业上游的关键原材料产品。但一块玻璃能有多薄？答案是0.12毫米，堪比纸薄、弯曲成环、高度透光……这块玻璃2018年诞生于中国建材蚌埠玻璃工业设计研究院。2020年8月25日，中国建材旗下的凯盛科技集团有限公司柔性可折叠玻璃工业化生产线也在蚌埠启动，成功打造中国第一、世界领先的首条全国产化超薄柔性玻璃产业链，实现玻璃新材料领域又一项“卡脖子”关键技术的重大突破。自2019年开始，凯盛科技集团有限公司紧跟电子信息产业柔性和可折叠发展趋势，利用自身在柔性触控玻璃的科研攻关和产业化能力，整合蚌埠玻璃工业设计研究院、蚌埠光电、凯盛科技股份等企业优势，自主研发出高强度柔性玻璃配方以及减薄、强化、切割和成型加工新技术，生产出30~70微米厚度的主流规格超薄柔性玻璃，实现产品连续20万次弯折不破损，弯折半径小于1.5毫米，主要性能指标和参数均处于行业领先水平，形成了国内唯一覆盖“高强超薄玻璃原片—玻璃极薄薄化—高精度后加工”的全国产化超薄柔性玻璃产业链。据凯盛科技集团有限公司董事长、中国建材蚌埠玻璃工业设计研究院院长彭寿院士介绍，30微米柔性可折叠玻璃的攻关成功，是继2018年生产出世界最薄的0.12毫米超薄玻璃，2019年下线拥有自主知识产权的浮法8.5代液晶显示玻璃基板后，2020年取得的又一个重大创新成果，成为目前中国第一、世界领先的玻璃新材料全产业链技术和产品。

据了解，自2008年发展至今，安徽省已形成以显示面板为核心，以玻璃基板、偏光片、光学膜、驱动IC、靶材、液晶、光刻胶、湿化学品、特种气体、特种装备等为配套，液晶显示、OLED柔性显示、硅基微显示、激光显示等门类齐全，带动电视、计算机、手机等下游智能终端全面发展的“从沙子到整机”全产业链布局。目前，安徽新型显示产业年产值逾千亿元，累计完成新型显示领域投资高达1800亿元，在建项目计划总投资约1000亿元。预计到2022年，安徽省新型显示产业产值将突破2000亿元。

三、徽商创新，闪耀各大榜单

2021年1月21日，2021首届品牌强国先行论坛在广州开幕，国家知识产权运营公共服务平台在开幕式上正式发布2020中国企业专利实力500强榜单，其中23家徽商企业上榜（见表34）。

表34　2020中国企业专利实力500强中的徽商企业

序号	企业名称	排名
1	美的集团股份有限公司	11
2	比亚迪股份有限公司	14
3	联想(北京)有限公司	21
4	奇瑞汽车股份有限公司	27
5	安徽江淮汽车集团股份有限公司	40
6	深圳迈瑞生物医疗电子股份有限公司	67
7	合肥鑫晟光电科技有限公司	72
8	合肥华凌股份有限公司	87

续 表

序号	企业名称	排名
9	上海蔚来汽车有限公司	100
10	马鞍山钢铁股份有限公司	109
11	中国十七冶集团有限公司	121
12	淮南矿业(集团)有限责任公司	138
13	合肥国轩高科动力能源有限公司	146
14	阳光电源股份有限公司	160
15	安徽合力股份有限公司	179
16	深圳市长盈精密技术股份有限公司	191
17	科大讯飞股份有限公司	203
18	上海杰事杰新材料(集团)股份有限公司	265
19	安徽安凯汽车股份有限公司	277
20	科达制造股份有限公司	406
21	广东劲胜智能集团股份有限公司	413
22	安徽丰原药业股份有限公司	463
23	易事特集团股份有限公司	470

2020年12月27日，第六届中国工业大奖发布会在北京举行。发布会上，授予16家企业、14个项目中国工业大奖，授予12家企业、21个项目中国工业大奖表彰奖，授予14家企业、16个项目中国工业大奖提名奖。被誉为中国工业“奥斯卡”的中国工业大奖是2004年经国务院批准设立的中国工业领域最高奖项，大奖每两年评选一次，历届获奖企业和项目都代表了当时中国工业发展的最高水平。

此次获中国工业大奖的徽商企业项目有3个，即科大讯飞股份有限公司的讯飞人工智能开放平台及产业示范项目，阳光电源股份有限公司的国家可再生能源发电与储能关键设备及系统产业化示范项目，安徽华茂纺织股份有限公司的新型纺纱智能化改造项目。

获中国工业大奖表彰奖的徽商企业项目有2个，即安徽昊方机电股份有限公司的金属近净成形产业化示范项目，合肥万力轮胎有限公司的绿色子午线轮胎智能创新工业示范项目。

获中国工业大奖提名奖的徽商企业或项目有3个，即淮北矿业（集团）有限责任公司、马钢（集团）控股有限公司以及中建材（合肥）粉体科技装备有限公司的HFCG系列大型辊压机项目。

2020年10月15日，WPP集团与凯度集团共同发布2020年BrandZ™最具价值中国品牌100强排行榜，其中5家徽商品牌入选（见表35）。

表35　2020年BrandZ™最具价值中国品牌100强中的徽商品牌

序号	品牌	排名
1	美的	33
2	苏宁	51
3	联想	54
4	比亚迪	59
5	古井贡酒	87

安徽省人工智能、新型显示器件、集成电路、先进结构材料四个国家战略性新兴产业集群快速发展。2020年，安徽新增规模以上企业29家，规模以上企业总数约500家，实现营收约3000亿

元，实现利润130亿元，在建亿元以上项目约260个，累计完成投资超2300亿元。随着投资的增加、企业的壮大、产业的发展，安徽省四个国家战略性新兴产业集群在全国的影响力不断提升。其中，人工智能产业集群所在的合肥市在2020年全球人工智能最具创新力城市榜单中排名全国第四位；新型显示器件产业集群核心承载区——合肥新站高新区综合实力位居2020年全国新型显示产业园区第二位；集成电路产业集群成为全国少数几个拥有设计、制造、封装测试及设备材料全产业链的集群；先进结构材料产业集群中的龙头企业铜陵有色连续两年位列世界500强，精达股份连续五年入选中国电子信息百强企业。

为大力实施创新驱动发展战略，进一步完善制造业创新体系，根据《安徽省制造业创新中心建设实施暂行办法》（皖经信科技〔2016〕227号），2020年安徽省经信厅认定10家安徽制造业创新中心（见表36）。

表36　2020年安徽省制造业创新中心名单

序号	创新中心名称	牵头单位
1	安徽省铅蓄电池再制造创新中心	安徽华铂再生资源科技有限公司
2	安徽省高端联轴器创新中心	泰尔重工股份有限公司
3	安徽省金属近净成形创新中心	安徽昊方机电股份有限公司
4	安徽省高性能导体材料创新中心	安徽楚江科技新材料股份有限公司
5	安徽省智能家电创新中心	长虹美菱股份有限公司
6	安徽省智能化园区物流装备创新中心	合肥泰禾光电科技股份有限公司
7	安徽省工业烟气脱硝创新中心	安徽元琛环保科技股份有限公司
8	安徽省动物疫苗创新中心	安徽东方帝维生物制品股份有限公司

续 表

序号	创新中心名称	牵头单位
9	安徽省铝基新材料创新中心	安徽省一鸣新材料科技有限公司
10	安徽省汽车与交通智能融合创新中心	奇瑞汽车股份有限公司

在智能家居家电领域，一句“我起床啦”，窗帘会自动打开；一声“我到家了”，空调会启动调节至合适温度；一键“开火做饭”，微波炉会自主识别菜品和重量并进行烹饪……如此美好的生活，在合肥已经实现。随着工业跨越式大发展，越来越多的智能家居走进寻常百姓家。推陈出新已成为安徽智能家电的“常规动作”，中国家电之都，绝非只是一个称谓。2020年，合肥家电制造业实现增加值同比增长9.4%，占全市比重的12.4%。其中，家电“四大件”总产量6663.91万台，占全国家电总产量的11.9%，继续位列全国城市首位。这些数据不止包含电冰箱、洗衣机、空调、彩电等大家电产品，还有抽油烟机、热水器、微波炉、吸尘器等小家电产品以及电冰箱压缩机、空调压缩机、洗衣机电机、平板显示器等配套产品。与此同时，合肥聚集了惠而浦、海尔、美的、格力、TCL、长虹、京东方7个国际知名品牌，拥有美菱、荣事达、帝度、晶弘、尊贵、欧力、雪祺、华凌、惠科、万和10个国内知名品牌。合肥正在全方位、多层次支持家电产业转型升级步入高质量发展的新阶段，着力打造全国重要的智能家电（家居）制造业高地。

2020年7月25日，洽洽食品在上海重磅推出“洽洽益生菌每日坚果”产品，进军新“蓝海”。同时，洽洽还推出传统早餐替代品——“洽洽早餐每日坚果燕麦片”，入局早餐市场。在2020

洽洽战略新品云上市发布会上，洽洽和中科院联合创办的益生菌研究所也正式宣布成立，推出的新品“益生菌每日坚果”由4种坚果及3种果干组成，助力均衡营养，和“洽洽小黄袋每日坚果”一样，都是由洽洽与瑞士布勒联合推出的专业设备烘焙制成。坚果外包裹从美国进口的BC30益生菌，活性强，耐高温，耐酸，有益于肠道健康。新品融合了坚果的香脆和果干的香甜，并融合浓郁酸奶风味，美味有营养。

在人工智能领域，大家循“声”而来、因“声”结缘。一是创新先“声”夺人，以科大讯飞为代表的智能语音企业一举突破语音产业完全由国际巨头垄断的格局；二是布局有“声”有色，人工智能产业入选首批国家战略性新兴产业集群，国家新一代人工智能开放创新平台落户合肥，合肥人工智能产业已经成为世界级产业地标；三是发展风“声”水起，从一个龙头企业发展到一个新兴产业集群，再发展到一个良好产业生态；四是影响“声”价倍增，成功打造涵盖研发、计算、终端、应用的全产业链，推动智能语音无处不在、无时不有、无人不用；五是支持掷地有“声”，以真情实意、出真金白银支持人工智能产业发展和人才创新创业。

2020年12月4日，中国科学技术大学宣布该校潘建伟等人成功构建76个光子的量子计算原型机“九章”，求解数学算法“高斯玻色取样”只需200秒，而目前世界最快的超级计算机要用6亿年。这一突破使我国成为全球第二个实现“量子计算优越性”的国家。

在2020年新冠肺炎疫情期间，中国科学技术大学开展的“托珠单抗+常规治疗”免疫治疗方案被列入国家诊疗方案；安徽智飞龙科马生物制药有限公司与中国科学院微生物研究所联合研发的重组新型冠状病毒疫苗（CHO细胞），得到国家药监局批准同意紧急使用。

徽商企业阳光电源股份有限公司2020年全年光伏逆变器发货量达35 GW，风电变流器发货量达16 GW，产品市场占有率达到全球第一，产量约占全行业的30%。

2021年3月18日，中国电子信息产业发展研究院（赛迪研究院）发布《制造业高质量发展白皮书（2021）》，通过规模结构、创新能力、质量效益、绿色节能、开放合作、企业能力6个一级指标对各省份制造业发展水平进行评价。从总体评价来看，2019年，广东、江苏、浙江、北京、山东、上海、福建、湖北、湖南、安徽成为全国制造业高质量发展水平前十的省份。

2021年9月29日，安徽省科技厅发布《2020年度安徽省主营业务收入前100名高新技术企业名单》（见表37）。

表37　2020年度安徽省主营业务收入前100名高新技术企业名单

序号	高企名称	地区
1	安徽江淮汽车集团股份有限公司	合肥
2	格力电器(合肥)有限公司	合肥
3	中国十七冶集团有限公司	马鞍山
4	奇瑞汽车股份有限公司	芜湖
5	合肥长安汽车有限公司	合肥
6	淮北矿业股份有限公司	淮北
7	合肥鑫晟光电科技有限公司	合肥
8	阳光电源股份有限公司	合肥

续 表

序号	高企名称	地区
9	合肥京东方显示技术有限公司	合肥
10	合肥晶澳太阳能科技有限公司	合肥
11	滁州隆基乐叶光伏科技有限公司	滁州
12	合肥京东方光电科技有限公司	合肥
13	芜湖美智空调设备有限公司	芜湖
14	合肥美的洗衣机有限公司	合肥
15	芜湖美的厨卫电器制造有限公司	芜湖
16	安徽合力股份有限公司	合肥
17	合肥华凌股份有限公司	合肥
18	中建四局第六建设有限公司	合肥
19	安徽康佳电子有限公司	滁州
20	中国化学工程第三建设有限公司	合肥
21	安徽三建工程有限公司	合肥
22	临涣焦化股份有限公司	淮北
23	滁州惠科光电科技有限公司	滁州
24	长虹美菱股份有限公司	合肥
25	奇瑞商用车(安徽)有限公司	芜湖
26	信义光伏产业(安徽)控股有限公司	芜湖
27	中铁十局集团第三建设有限公司	合肥
28	安徽美芝精密制造有限公司	芜湖
29	陕汽淮南专用汽车有限公司	淮南

续 表

序号	高企名称	地区
30	安徽鸿路钢结构(集团)股份有限公司	合肥
31	安徽昊源化工集团有限公司	阜阳
32	立讯精密工业(滁州)有限公司	滁州
33	科大讯飞股份有限公司	合肥
34	山鹰国际控股股份公司	马鞍山
35	中交二航局第四工程有限公司	芜湖
36	安得智联科技股份有限公司	芜湖
37	中国电子科技集团公司第三十八研究所	合肥
38	合肥国轩高科动力能源有限公司	合肥
39	安徽楚江科技新材料股份有限公司	芜湖
40	安徽华米信息科技有限公司	合肥
41	合肥海尔电冰箱有限公司	合肥
42	安徽省公路桥梁工程有限公司	合肥
43	铜陵市旋力特殊钢有限公司	铜陵
44	合肥美的暖通设备有限公司	合肥
45	格力电器(芜湖)有限公司	芜湖
46	安徽楚江高新电材有限公司	芜湖
47	安徽恒源煤电股份有限公司	淮北
48	东华工程科技股份有限公司	合肥
49	合肥宝龙达信息技术有限公司	合肥
50	大陆马牌轮胎(中国)有限公司	合肥

续 表

序号	高企名称	地区
51	安徽省路港工程有限责任公司	合肥
52	安徽华塑股份有限公司	滁州
53	安徽美芝制冷设备有限公司	合肥
54	芜湖中集瑞江汽车有限公司	芜湖
55	安徽华菱汽车有限公司	马鞍山
56	安徽全柴动力股份有限公司	滁州
57	安徽马钢矿业资源集团有限公司	马鞍山
58	天能电池集团(安徽)有限公司	阜阳
59	志邦家居股份有限公司	合肥
60	中铁四局集团电气化工程有限公司	蚌埠
61	安徽天康(集团)股份有限公司	滁州
62	安徽六国化工股份有限公司	铜陵
63	合肥海尔空调器有限公司	合肥
64	安徽海德化工科技有限公司	马鞍山
65	安徽四建控股集团有限公司	合肥
66	讯飞智元信息科技有限公司	合肥
67	安徽四创电子股份有限公司	合肥
68	安徽富煌钢构股份有限公司	合肥
69	安徽康佳同创电器有限公司	滁州
70	安徽理士电源技术有限公司	淮北
71	安徽省路桥工程集团有限责任公司	合肥

续 表

序号	高企名称	地区
72	安徽金禾实业股份有限公司	滁州
73	安徽宝业建工集团有限公司	合肥
74	惠而浦(中国)股份有限公司	合肥
75	新华三信息安全技术有限公司	合肥
76	安徽安凯汽车股份有限公司	合肥
77	中冶华天工程技术有限公司	马鞍山
78	中铁四局集团钢结构建筑有限公司	合肥
79	格力电工(马鞍山)有限公司	马鞍山
80	安徽省司尔特肥业股份有限公司	宣城
81	通威太阳能(安徽)有限公司	合肥
82	玉柴联合动力股份有限公司	芜湖
83	奇瑞新能源汽车股份有限公司	芜湖
84	安徽皖维高新材料股份有限公司	合肥
85	安徽开源路桥有限责任公司	合肥
86	安徽盘景水泥有限公司	马鞍山
87	通威太阳能(合肥)有限公司	合肥
88	芜湖长信科技股份有限公司	芜湖
89	安徽福莱特光伏玻璃有限公司	滁州
90	安徽中鼎密封件股份有限公司	宣城
91	国营芜湖机械厂	芜湖
92	会通新材料股份有限公司	合肥

续 表

序号	高企名称	地区
93	安徽省交通航务工程有限公司	合肥
94	安徽广信农化股份有限公司	宣城
95	芜湖伯特利汽车安全系统股份有限公司	芜湖
96	芜湖万里扬变速器有限公司	芜湖
97	安徽东至广信农化有限公司	池州
98	合肥海尔洗衣机有限公司	合肥
99	安徽华光光电材料科技集团有限公司	蚌埠
100	信义节能玻璃(芜湖)有限公司	芜湖

徽商回归

一、2020年徽商回归资金近千亿元

2020年，安徽全省5000万元以上在建徽商回归项目371个，徽商投资额达917.9亿元，实际到位资金656.3亿元。其中，亿元以上在建徽商回归项目354个，徽商投资额达908.2亿元，实际到位资金651.5亿元，占实际到位资金总额的99.3%。新建5000万元以上项目333个，实际到位资金627.7亿元。新建亿元以上项目326个，实际到位资金624.3亿元。新建10亿元以上大项目18个，实际到位资金196.3亿元。新建大项目主要分布在合肥、芜湖、蚌埠、阜阳、宣城等地，产业类型主要集中在高端装备制造业、新材料、商业地产等行业。

从项目资金来源地看，在建徽商回归项目到位资金主要来源地为沪、苏、浙、粤和北京地区，排名前五的省市依次为江苏省、上海市、浙江省、北京市和广东省，五省市到位资金共计567.6亿元，占比86.5%。

从项目落地看，在建徽商回归项目到位资金排名前五的市依

次为合肥市、亳州市、阜阳市、滁州市、芜湖市，五市到位资金共计409.8亿元，占比62.4%。皖北六市到位资金259.5亿元，占比39.5%。

从产业分布来看，第一、二、三产业到位资金分别为18.1亿元、415.3亿元、222.9亿元。其中，制造业到位资金408.1亿元，占比62.2%。

二、商会搭建徽商回归桥梁

1.广东省安徽商会

2020年8月17日，在安徽省政府驻广州办事处、省发改委（省合作办）的支持下，大湾区知名企业安徽（池州）行活动举办。本次活动旨在深入落实皖粤两省战略合作框架协议，吸引优质企业关注池州、投资池州。安徽省政府驻广州办事处党组书记、主任郑训练，省发改委党组成员、省合作办主任侯锋平，省政府驻广州办事处党组成员、副主任吴勇，深圳市创新投资集团董事长倪泽望、基石资本董事长张维、中运国际集团董事长张健、深圳达实智能股份有限公司董事长刘磅、深圳巴斯巴科技有限公司总裁王汉林、深圳名家汇科技股份有限公司董事长程宗玉、嘉宾传媒有限公司创始人吴婷、广东穗佳物流集团董事长钱猛、深圳新国都股份有限公司副董事长江汉等大湾区知名企业家参加活动。池州市委书记方正，市委副书记、市长操龙灿，副市长孙革新，市政府秘书长吴庆华等出席招商引资对接座谈会。8月17日上午，大湾区知名企业考察团一行先后来到江南新兴产业集中区、池州高新区、市开发区，实地考察了文香信息技术、艾可蓝环保、华宇电子科技等企业，并与园区和企业负责人进行了深入交流。在下午召开的招商引资对接座谈会上，方正代表市委市政府，对大湾区知名企业考察团一行来池考察交流表示热烈欢迎，对省政府驻广州办事处、省合作办长期关心、支持池州的发展表示衷心感谢。方正表示，深圳领风气之先、引时代潮流，是一片创新创业的沃土，池州交通区位优越、生态资源丰富、产业特色鲜明、后发优势明显，双方有着良好的合作基础，合作前景广阔、潜力巨大。希望各位企业家以此次来池考察为契机，进一步深入了解池州、广泛宣传池州、关心支持池州，在深化沟通交流的基础上，寻找更多合作共赢的切入点和契合点，推动更深层次对接，实现更宽领域合作，推动互利共赢。操龙灿表示，池州是一座区位优越的滨江之城、自然秀美的生态绿城、享有盛誉的旅游名城、加快发展的产业新城，在新一轮国家区域发展战略布局中，池州形成了长三角的平台、东部的区位、中部的要素的综合发展优势，乘势而上、快速起跳的态势更加明显。我们将以落实皖粤两省战略合作框架协议为抓手，进一步加强双方交流合作，以最大的诚意为大家提供实打实、点对点的服务，让所有在池投资企业家创业愉快、兴业愉快、发展愉快、生活愉快。

2020 年 8 月 18 日，大湾区知名企业安徽（安庆）行活动举办。安徽省政府驻广州办事处党组书记、主任郑训练，省发改委党组成员、省合作办主任侯锋平，省政府驻广州办事处党组成员、副主任吴勇，深圳市创新投资集团董事长倪泽望等 16 位大湾区企业家参加活动。安庆市市长陈冰冰主持座谈交流会，市政协主席章松，市委常委、副市长花家红，市政府秘书长江兴代出席座谈会。18 日上午，大湾区知名企业考察团一行先后到安庆市筑梦新区、江淮汽车安庆分公司、安庆帝伯粉末冶金有限公司进行了实地考察，并与园区和企业负责人进行了深入交流。在下午召开的座谈会上，陈冰冰对考察团一行来安庆考察交流表示热烈欢迎。他说，此次考察团来安庆时机正好，正值“十三五”收官、“十四五”谋篇的关键时点。“十三五”期间，我们秉持新发展理念，大力构建产业新体系，加快转变经济发展方式、加快产业转型升级、加快新旧动能转换，推动经济发展，实现了量的合理增长和质的稳步提升。“十四五”期间，我们将认真落实习近平总书记重要指示批示精神，重点围绕产业链部署创新链、围绕创新链布局产业链，坚持不懈在“双循环”的新发展格局下推动经济高质量发展。陈冰冰表示，安庆“十四五”发展肯定会有好的开局。目前安庆市拥有12家省级以上开发园区，且各园区首位产业发展渐入佳境。随着大京九高铁贯通，安庆市未来将形成米字型铁路网，加上航空、长江航运和高密度高速公路，安庆立体化综合交通枢纽地位正在形成。主城区板块已经厚植了三大要素资源：一是土地空间资源，市经开区、高新区、集贤关片区、高铁新区、皖河片区等已开发和储备了大量土地，蓄势待发；二是优质人力资源，坚持一手致力于办好地方应用型大学、一手致力于天下英才为我所用理念的实施，为地方经济发展储备了大量人才，这些人才必将成为宝贵的竞争潜力；三是公共服务资源，在医疗卫生、义务教育、养老事业、数字基建等公共服务领域引入战略合作伙伴，展开共建，激发开放合作的活力。我们一直在筑巢引凤，现在有地、有人、有能够覆盖生产生活全生命周期的公共服务，期待以恒心办恒业的企业家和以企业家战略眼光选定的好项目投资安庆、落户安庆。座谈会上，市经开区、市筑梦新区分别作了招商宣传推介，考察团成员一一作了交流发言。考察团成员纷纷表示，安庆生态环境优美、区位优势明显、产业基础良好、投资环境优越，将进一步加强沟通对接，寻求合作机会，实现共赢发展。

2020年12月30日至31日，安徽省政府驻广州办事处党组书记、主任郑训练，省发改委党组成员、省合作办主任侯锋平，省政府驻广州办事处党组成员、副主任吴勇，广东省安徽商会轮值会长张昊，常务副会长张健、牛正峰，副会长欧阳业东、王俊波组成的考察团一行，先后前往芜湖、宣城、广德考察调研。在考察过程中，考察团先后与芜湖市委常委、市政府常务副市长宁波，副市长贺东，宣城市市长孔晓宏、市委副书记吴爱国，广德市委书记陈红英进行座谈交流。郑训练表示，2019年年底安徽省领导赴粤考察交流时，专门看望了广东省安徽商会部分企业家，并把组织在粤徽商返乡投资考察作为一项重点工作进行了部署。由于新冠肺炎疫情的影响，原定于2020年开展的返乡投资签约活动暂时搁置了。这次组织广东徽商企业家返乡考察，主要是让在外打拼的安徽企业家们和家乡对接，通过交流提前摸清需求，确定投资方向，后期再有针对性地开展各项工作，共同为家乡的高质量发展增添力量。广东省安徽商会轮值会长张昊在交流时汇报了商会的基本情况，表示广东省安徽商会是“5A”级商会，具备承接政府职能转移的资质和职能，对粤皖经济文化的交流责无旁贷。张昊表示，此次考察活动主要围绕三个任务：一是为国际徽商产业园选址。广东省安徽商会从2019年开始就成立了工作小组在安徽省各地市进行调研，旨在通过产业园的建立，整合广东优质企业资源，实现抱团发展。二是落实返乡投资考察，年后加快启动大湾区企业家赴皖投资签约活动。三是希望通过此次考察，和芜湖、宣城、广德之间形成常态化的联络机制，定期开展交流和工作汇报，搭建起在粤徽商商会和家乡政府之间的对接平台。

2. 上海市安徽商会

2020年9月6日，安徽省政府驻上海办事处党组书记、主任刘卫东，上海市安徽商会会长洪清华率商会企业家代表团一行走进池州，池州市委书记方正，市委副书记、市长操龙灿，市委常委、市委秘书长史孺牛，副市长孙革新，市政府秘书长吴庆华等热情迎接了代表团一行，上海市安徽商会执行会长朱圣杰、徐章来，常务副会长冯伟、李建平、徐昇，副会长李本章、张现、陈长健、尚殿龙、许鹏飞、胡晶晶、郎远科、戴国中、田发波、张安学、曾斯生参加了投资考察活动。当晚，池州市组织召开“上海市安徽商会企业家交流座谈会”，双方就池州经济发展、产业优势、战略机遇及投资环境展开深入交流，并签订战略合作协议，政企携手，搭建起沪池两地经济交流“绿色通道”，推进池州高质量融入长三角一体化发展。座谈中，操龙灿表示，池州交通区位优越，是一座山水风光和人文诗情交相辉映的产业新城，并重点就池州产业发展战略、开发区平台建设、要素配置成本等不可多得的优势条件作了介绍。同时他进一步强调，池州正日益进入新发展格局的舞台中央，乘势而上的态势明显，池州将紧扣一体化和高质量两个关键点，承诺以最大的诚意、最好的服务、最优的政策，提供点对点的实效服务，希望上海市安徽商会的企业家们能够把池州作为战略首选之地，来池投资兴业。“我们要抢抓池州高速发展机遇，全面深度融入长三角一体化高质量发展，这是上海市安徽商会的责任和使命，更是贯彻落实习近平总书记重要讲话精神的具体行动。”会上，上海市安徽商会会长、景域驴妈妈集团董事长洪清华代表企业家考察团一行发言，对池州市委市政府高规格的接待表示感谢，称赞池州的发展速度超出想象，“作为社团组织和企业，要研究时代发展的趋势和主旋律，要牢牢把握正确的政治方向，要深入学习贯彻习近平总书记关于长三角一体化和企业家座谈会上的重要讲话精神，努力成为新时代构建新发展格局、建设现代化经济体系、推动高质量发展的生力军”。随后，池州市投资促进局进行了专项的招商推介，上海市安徽商会企业家代表团代表纷纷发言，分享各自企业发展历程、投资经验，表达对池州的浓浓乡情以及到池州投资发展的意愿。作为座谈会的重要环节，会上，池州市政府与上海市安徽商会签订战略合作协议，双方优势互补，商会将发挥企业家聚集、商脉发达的优势，帮助池州开展针对性的招商活动，积极助力池州在上海成立人才数据库及研发中心，双方建立政企人员挂职机制，提升招商干部、企业高管职业能力，加速沪池两地的要素流通，全方位助推池州高质量融入长三角一体化。

2020年9月7日至8日，继走进池州后，安徽省政府驻上海办事处党组书记、主任刘卫东，上海市安徽商会会长洪清华，上海市安徽商会执行会长朱圣杰、徐章来等率商会企业家代表团走进安徽第二站——宣城。宣城市委书记陶方启，市委副书记、市长孔晓宏，市委常委、常务副市长、党组副书记于静波，副市长宁伟，经开区管委会主任刘家和，市政府秘书长盛浩等热情迎接，对上海市安徽商会在关键时期、关键节点能够走进宣城表示感谢。其间，在宣城市委常委、常务副市长、党组副书记于静波的陪同下，商会企业家代表团参观考察了宣城市规划馆、国家级宣城经济技术开发区，对宣城积极融入长三角一体化进程、G60科创走廊建设、新能源新材料等新兴产业发展有了更直观的认识。在深入考察后，宣城市委市政府特别召开了上海市安徽商会企业家座谈会，双方就如何抢抓宣城深度融入长三角一体化机遇、如何加快沪宣两地经济交流展开务实探讨，并签署战略合作协议，推动合作落地，实现多赢发展。“双方的携手开启了合作新篇章”，上海市安徽商会会长、景域驴妈妈集团董事长洪清华表示已来宣多次，但还不够，“李白都来了七次，我们更要多来，宣城名气在外，有很多头衔：全国唯一的文房四宝之城、中国优秀旅游城市、中国扬子鳄之乡、中华诗词之市、国家森林城市、历史文化名城等，景域驴妈妈已经和宣城展开多项合作”。洪清华认为，宣城有争当长三角一体化高质量发展安徽排头兵的“底气”“锐气”“和气”。“位于安徽省东进的最前沿，沪苏浙两省一市产业西移的第一站，区位独特，宣城有底气；作为中国最具投资潜力旅游城市，创新潜力居安徽省第一位，宣城有锐气；让企业一次不用跑、事情能办好，宣城更不缺营商的和气。上海市安徽商会秉承‘三为’理念，服务会员，以仁心为质，以义为利，以德为首，以礼接物；择地趋时，以智求赢，以诚为本，走进宣城，就是要共谋发展、共创未来。”安徽省驻上海办事处党组书记、主任刘卫东对宣城市委市政府精心的安排表示感谢，他表示，宣城是三省交界地，区位、生态、产业优势明显，在长三角一体化发展中具有特殊意义。他还强调，上海市安徽商会自换届以来，做了很多大事，进行了很多创新，接下来，要有序进入安徽各市，捕捉商机，务实推进，不仅要“多联系”，更要实现“多落地”。孔晓宏市长强调，宣城正深入学习贯彻习近平总书记考察安徽重要讲话精神，扎实推进长三角一体化发展座谈会上部署的七项重点工作，奋力“在构建新发展格局中实现更大作为”“在加快建设美好安徽上取得新的更大进展”。我们愿和上海市安徽商会一起，抢抓和运用好长三角一体化发展机遇，实现双方更大、更强、更快、更好、更高质量的发展。

3.江苏省安徽商会

2020年9月8日，江苏省安徽商会举办的江苏徽商缘聚活动第82站走进安徽全椒。全椒县委书记朱大纲，人大常委会主任杨勇，政协主席董光林，副县长王燕等与江苏徽商热情互动，作了城市推介和招商政策宣讲。江苏省安徽商会监事会副主席兼常务副会长王传良、杨明军，常务副会长李明、赵建华、夏明龙，常务副秘书长庞自武，副会长史和庆、吴晓军、宋德林、罗铭、陈喆，理事罗坤、闫豹、姚远，南京市安徽商会秘书长周晓汉、南京市滁州商会秘书长瞿虎、南京市全椒商会秘书长张其武、江苏省五金机电商会秘书长顾平及在宁徽商、特邀嘉宾等近60人参加此次活动。在座谈交流阶段，全椒县委书记朱大纲作了讲话，王传良代表江苏省安徽商会致辞，常务副会长杨明军、赵建华、夏明龙进行了互动发言，全椒县招商局负责人介绍了全椒山水文化、区位优势、支柱产业、营商环境、招商优惠政策等信息。与会企业家认为全椒毗邻南京，区位优势突出，发展潜力大，一致表示愿意为家乡招商引资、发展经济文化事业贡献力量。

4.上海市安庆商会

2020年12月10日至13日，上海市安庆商会组织会员企业家代表团开展“不忘初心，走进安庆，共谋发展”返乡投资考察活动，企业家代表团先后赴安庆桐城市、怀宁县、宜秀区三地参观考察，寻求合作。考察团由上海市安庆商会会长聂建明，党支部书记、执行会长路敏，轮值执行会长杨海，执行会长产正平、朋刘军、刘华锋、徐诗进、程驰、张学旺联合带队，常务副会长汪东、甘加祥、江道伟、朱良平、刘圣春、汪恭彬、查国平，副会长虞奇虎、王海啸、陈五友、高盼、方建、唐荣刚、朱冠尚、宋庆利、张金中、朱娉婷、张红玲、余杰宏、童超、吴张俊，理事徐庆、彭帅、江厚文、汪节旺、曹中亮、唐欢、谢友邦、何东明、朱显国，会员杨翠玉等近50位会员企业家共同参与，安庆市政府驻上海联络处主任谢政应邀随行指导。上海市安庆商会自成立以来，在促进在沪安庆籍企业家与家乡政府联系、支援家乡经济社会建设等方面发挥了重要的桥梁纽带作用，为家乡招商引资、扶贫攻坚、抗疫救灾、慈善公益等工作作出了卓越贡献。会长聂建明根据不同地区的资源自然禀赋、产业特色和规划，提出了发展建议：充分利用安庆籍乡贤在上海金融界的重要地位，对接金融资源，引入资金和专业团队，帮助家乡成立各类专项产业基金，扶持当地企业发展；发挥会员企业的资源和业务优势，在食品加工、全域旅游、养老康复辅具产业及人才培训等方面提供助力，推动当地产业成长壮大。聂会长表示，在家乡融入长三角一体化，实现“十四五”高质量发展的过程中，商会愿意不遗余力地提供支持，在引进资金、技术、项目、人才等方面贡献力量。参加活动的企业家们踊跃发言，分别从各自企业的主营业务和资源渠道出发，为家乡建设出谋划策，提供资源。金融支持方面：建议产业要与资本相结合，大力推动优秀企业做大做强，挂牌上市；加大对有发展潜力的中小微企业的资金扶持。产业园开发方面：可对接有产业园开发经验的专业团队，帮助家乡的产业园提升招商和运营能力；愿意利用自己的人脉，协助对接上海张江、金桥、临港三大园区的运营团队，促进两地产业园之间的“园园合作”和“企企合作”。产业选择方面：新能源汽车将是下一个发展热点，人工智能、智能手机产业也有很大发展空间，精准引进行业龙头或关键企业，能带动整体产业链的发展。人才方面：不仅要做好人才引进政策的宣传，还要充分发挥家乡人文氛围浓厚、环境优美宜居的优势，吸引人才落户。会后，一些企业家与当地主管部门开展了进一步的沟通交流。

5.苏州市安徽商会

2020年8月1日，苏州市安徽商会会长聂长岐带领考察团一行10余人前往池州市皖江江南新兴产业集中区参观考察。皖江江南新兴产业集中区党工委委员、纪工委书记张平，财金部部长唐海洋，产业部部长潘良能，规划建设部主管规划工作负责人杜志刚等热情接待。在随后的座谈会上，张平介绍，新兴产业集中区将打造长三角新兴产业合作示范区，坚持绿色承接、高端承接、精准承接，以承接新兴产业布局和转移为主攻方向，围绕电子信息、高端装备、新型材料、大健康等领域，培育壮大先进制造业、战略性新兴产业和现代服务业，加快融入长三角产业分工体系。张平表示，新兴产业集中区的发展离不开企业的支持，希望下一步双方加强联系，共同推进新兴产业集中区高质量发展。聂长岐介绍了商会基本情况及2020年相关工作，并表示，商会将与皖江江南新兴产业集中区进一步进行实质性的对接，积极响应“徽商归巢”的号召，发挥好商会平台作用，把此次考察的所见、所闻、所感向商会会员及外界朋友宣传，介绍集中区广阔的发展前景及独特的资源和产业优势，希望能感召更多的会员和朋友回乡投资兴业，争取有创新性和共赢的好项目落地，为助推企业发展和政府发展的双赢贡献力量。

6.江苏省安徽安庆商会

2020年9月19日，江苏省安徽安庆商会组织40余名会员，在会长王志鹏，联席会长董邦祥、蔡浩、江强、朱长富、唐燕胜及创会领导高永松的带领下，前往安庆市太湖县学习考察，受到了太湖县政府、县经济开发区、县委统战部、县工商联和县招商中心及有关部局领导的热烈欢迎。江苏省安徽安庆商会此次学习考察，架起了乡情与友情的桥梁，打开了长三角一体化合作共赢的大门。商会将以此次学习考察为契机，一如既往，为大家构建一个完善的信息交流和商务合作的平台，发挥好商会桥梁作用，联结家乡政府，促进合作共赢。

7.华夏徽商（南通）联盟

2020年8月25日至27日，由华夏徽商（南通）联盟和北京惠源文化传媒有限公司牵头，亳州市委市政府支持，亳州市招商局、谯城区招商服务中心、涡阳县招商局等单位具体实施的“知名徽商走进亳州　招好引强助推产业发展”商务考察活动成功举行。亳州市副市长郑超、市政府副秘书长梁绍彬、市招商局副局长赵震等接见了华夏徽商（南通）联盟主席、中国经贸文化网长三角地区负责人赵飞率领的知名徽商考察团一行。

会上，郑超代表亳州市委市政府现场推介亳州。他说，亳州，简称亳，古称“谯城”，是国家历史文化名城，“三朝”古都之地、“四大药都”之首。现在的亳州厚积薄发、势头迅猛，是创新创业创造的首选地；亳州产业鲜明、商机无限，是发展发财发达的起飞地；亳州政策优厚、服务至上，是安身安心安业的理想地。亳州是千年药都、以药立市，正全力打造“世界中医药之都”，形成以现代中医药产业、食品制造、文化旅游、服务外包为支柱的现代产业体系。亳州始终坚持“招商是第一要事”的理念，穷尽办法、倾尽所能、依法依规，为企业发展提供最优越的资源、最优惠的政策、最优质的服务。郑超表示，新时代的号角已经吹响，加速崛起的亳州蕴藏着无限商机，亳州真诚欢迎各位知名徽商企业家朋友关注亳州、走进亳州、投资亳州，在亳州跨越赶超的发展中大展宏图、合作共赢、共创辉煌。

8. 嘉兴市安徽商会

2020年8月7日至9日，嘉兴市安徽商会组织部分会员由会长张保全带队赴安徽灵璧进行投资考察。灵璧县委县政府对嘉兴市安徽商会一行赴灵璧实地考察高度重视，并由县政府主办召开了2020灵璧（嘉兴市安徽商会）招商推介会。其间灵璧县委常委、副县长陈虎代表县委对嘉兴市安徽商会实地考察人员一行表示欢迎，并就灵璧县的规划发展进行了介绍。灵璧县投资促进中心主任雷明鸣就灵璧县投资环境进行了推介说明，县经济开发区工委书记、管委会主任梁海晶就开发区规划建设及入区项目情况进行了介绍。

2020年11月8日至9日，嘉兴市安徽商会会长张保全带领有投资意向的企业家一行赴安徽宁国市开展实地考察。此次考察是商会继2020年9月安徽宁国市相关领导赴商会进行招商推介，并就精细化工产业进行投资意向对接后，商会专项组队赴宁国相关产业园进行实地考察，将服务资源对接、产业转移工作落到实处。嘉兴市安徽商会以高度的责任担当，积极热情地投入服务长三角一体化发展中。

9.南京市安徽商会

2020年12月16日，由马鞍山市工商联和马鞍山市投资促进中心共同主办的“徽商回家‘乡’聚马鞍山”金陵徽商马鞍山行招商恳谈会在南湖宾馆召开，来自南京市安徽商会、马鞍山商会等13家安徽籍商会的30多位企业家组团参加。会议由马鞍山市委统战部副部长、市工商联党组书记夏为顺主持。马鞍山市政协副主席王青松，南京市委统战部副部长、市工商联党组书记丁铭出席会议并致辞。马鞍山市工商联主席贺应旭，市工商联党组成员、副主席潘良廷参加恳谈会和考察活动。马鞍山市投资促进中心党组成员、副主任刘凌向考察团推介了马鞍山投资环境。王青松在讲话中指出，近年来马鞍山市高度重视工商联和商会工作，主动拜访南京、杭州、上海等地商会和企业，充分发挥南京市马鞍山商会双向联系优势，积极推进与南京对接合作。希望通过此次活动的举办，搭建起商会招商、以商招商的平台，加强马鞍山市与长三角、珠三角等地区的互动与交流，加大招商引资力度，促进马鞍山市与苏浙沪商会和企业之间的交往和联系。南京市安徽商会会长陈广川和南京市马鞍山商会会长艾明生分别作交流发言。他们表示，马鞍山具有独特的魅力和良好的投资环境，是一片投资兴业的热土，希望今后加强对接，进一步拓宽宁马两地合作领域，促进宁马两地合作交流，让更多的徽商了解马鞍山、走进马鞍山、投资马鞍山。

10.东莞市安徽淮南商会

为助力淮南高质量发展，东莞市安徽淮南商会积极响应淮南市政府招商引资的号召，2020年12月24日至26日，商会会长姜淮矿带领商会企业家赴淮考察，受到了淮南市政府相关领导的热情接待。考察团先后考察了大通区、经开区、谢家集区，实地了解园区情况，并与各园区管委会负责人进行面对面沟通和交流。此次考察坚定了企业家们回淮投资的信心，为下一步具体投资项目的落实打下坚实的基础。

三、一批知名徽商回归

2020年，虽然面临新冠肺炎疫情，洪灾等自然灾害以及国际环境不确定性等诸多影响，但徽商回归的步伐没有放缓，长三角一体化的安徽机遇让许多徽商看到了商机，将总部放在安徽或将区域总部设在安徽成为众多徽商的选择。下面介绍一些主要的徽商回归项目。

1.蔚来汽车

2020年2月25日，2020年合肥市重大产业项目集中（云）签约和江淮蔚来EC6量产项目启动仪式在合肥市江淮蔚来工厂举行，包括蔚来汽车中国总部项目在内的8个项目集中“云”签约，总投资1020亿元。江淮蔚来EC6量产项目也同步启动。签约仪式后，省、市领导和签约企业负责同志共同观看蔚来汽车现场换电演示。蔚来汽车中国总部项目包括：在合肥成立蔚来汽车中国总部，建立研发、销售、生产基地，打造以合肥为中心的中国总部运营体系。项目计划融资超百亿元，蔚来汽车中国总部落户合肥，5年内将打造一个千亿产值的龙头企业，加速合肥新能源汽车集群发展，引领带动安徽新能源汽车产业进入全国第一方阵。

2. 苏宁集团

2020年4月15日，备受各界关注的安庆苏宁广场开工仪式举行。安庆市市长陈冰冰、副市长郑家齐，苏宁置业集团总裁金明、副总裁陈艳，合作单位代表、主流媒体代表等200多名嘉宾济济一堂，共同见证了这一历史性时刻。同时，这也是继3月底南京苏宁睿城二期项目开工后，苏宁又一个围绕“新基建”布局的重点项目，标志着苏宁数字化布局全面提速，为城市经济发展注入新动能，也将助推零售行业进一步整合升级。

3. 大富科技

2020年4月30日，深圳大富科技股份有限公司董事会披露公告称，公司名称由“深圳市大富科技股份有限公司”变更为“大富科技（安徽）股份有限公司”，注册地址由“深圳市宝安区”变更为“安徽省蚌埠市”，且目前已完成相关工商变更登记手续，并取得安徽省蚌埠市市场监督管理局核发的营业执照。

4. 华云数据

2020年8月29日，华云信创云数据中心在安徽省合肥市高新区开工奠基。作为国内大型信创数据中心项目，华云信创云数据中心以信息技术应用创新为标准，设立安徽信创政务云服务中心、安徽信创行业云服务中心、中小企业信创研发基础环境中心等，构建国产化公有云服务中心，立足安徽省，辐射长三角，为推进长三角一体化贡献力量。华云信创云数据中心总投资10亿元，占地面积为68.9亩，总建筑面积约8.2万平方米，将建设11栋数据中心及相关配套设施，2021年投产，可为党政、金融、教育、医疗等用户提供近万个机柜的计算和存储能力，为安徽省及长三角地区的人工智能、云计算、大数据、5G、物联网等新一代信息技术发展提供强有力的基础设施保障。同时，华云信创云数据中心将为长三角地区实现新旧动能转换、提供新型就业机会、吸引高端人才、实现以新一代信息技术为核心的新型产业聚集提供契机，助力实现长三角地区经济新突破。华云数据控股集团董事长、总裁许广彬表示，在国家的大力推动下，“新基建”在2020年进入了如火如荼的高速发展阶段，同时，2020年也是长三角一体化战略的重要部署之年，华云信创云数据中心将承载着重要的历史使命。华云数据将通过在云计算、信息技术应用创新领域的扎实创新能力，将华云信创云数据中心打造成为长三角地区的数字化基地，成为长三角数字经济发展的科技推动力。未来，华云数据将借助长三角地区政策互连互通、产业资源协同、人才流动顺畅的良好的营商环境，埋头苦干、攻坚克难，以技术创新带动产业创新，通过云计算、大数据等数字化手段推动长三角地区政府和企业实现业务变革，助力长三角地区经济高质量发展。

5.迈瑞医疗

2020年12月15日，安徽省砀山县政府与深圳迈瑞生物医疗电子股份有限公司投资签约仪式在深圳举行。安徽省药监局副局长许伏新，宿州市政协副主席、砀山县委书记王广敏等及知名徽商企业家迈瑞医疗董事长李西廷、副董事长成明和、总裁吴昊等共同出席签约仪式。仪式上，许伏新、王广敏、李西廷先后上台致辞。他们表示，近年来，砀山县紧抓长三角一体化发展战略机遇，聚焦打造皖北承接产业转移集聚区，主动对接，加快融入，谋划建设砀山医疗器械产业园项目，并将生物医疗纳入全县“十四五”规划的特色产业，全力扶持，重点培育。迈瑞医疗作为中国领先的医疗设备高科技企业，此次落户砀山，对促进砀山县医疗健康产业发展壮大，助力砀山经济高质量发展，具有里程碑式的重要意义。希望砀山县以此次签约为起点，抓住机遇，与迈瑞生物医疗电子股份有限公司同向同行、精诚合作，当好“店小二”，拿出最优的政策、最好的服务、最强的保障，共同谱写合作发展新篇章。随后，在与会人员的共同见证下，砀山县县长陶广宏与吴昊成功签约，并合影留念。

6.比亚迪

2020年12月21日下午，蚌埠市政府与比亚迪股份有限公司项目签约仪式在合肥举行。蚌埠市委书记汪莹纯出席并致辞，市长王诚主持。比亚迪股份有限公司董事长兼总裁王传福，副总裁、商用车CEO王杰，蚌埠市委常委、秘书长高尚，市二级巡视员吴中尧出席签约仪式。汪莹纯对项目的成功签约表示祝贺。他说，比亚迪是我国先进制造业的领跑者、创新驱动发展的先行者、新能源整体解决方案的开创者，是全球少数既掌握传统车技术又拥有新能源汽车核心技术的车企。此次，比亚迪将20GW动力电池项目落户蚌埠，对于加快蚌埠产业转型升级，壮大战略性新兴产业集群，具有重要的现实意义和强大的带动效应。

汪莹纯指出，当前，在构建新发展格局大背景下，“一带一路”倡议、长三角一体化发展、淮河生态经济带、合芜蚌国家自主创新示范区及安徽自贸区蚌埠片区等一系列政策、平台，为蚌埠带来了难得的发展机遇。在即将到来的“十四五”期间，我们将聚焦建成淮河流域和皖北地区中心城市，牢固树立新发展理念，坚定不移实施工业强市战略不动摇，大力推进新能源、新材料等战略性新兴产业发展，着力打造高水平先进制造业基地。我们将把比亚迪新能源动力电池生产基地项目作为培育壮大战略性新兴产业的龙头项目，为项目建设和企业发展创造最优越的营商环境。希望我市与比亚迪公司以此次签约为新的起点，不断拓展合作领域，特别是依托企业强大的资源优势和技术支撑，吸引更多上下游企业到蚌埠发展，携手共创新能源产业美好明天。

王传福表示，蚌埠是安徽省重要的综合性工业基地、华东地区综合交通枢纽，拥有良好的基础设施和优越的发展环境。近年来，比亚迪与蚌埠市深化合作，共同推进绿色大交通体系建设，结下了深厚友谊，形成了良好的合作基础。比亚迪高度重视在蚌项目的发展，此次签约的新能源动力电池生产基地项目将采用工业4.0标准建设，进一步填补蚌埠动力电池产业技术空白，全面拉动电动车、云轨云巴、先进储能和电池材料上下游产业链的发展。比亚迪将依托此项目持续深化与蚌埠市战略合作，加快项目建设，争取早日达产达效，助力蚌埠加快打造“创新之城·材料之都·制造高地”。

动力电池是电动车、储能电站、云轨云巴的核心零部件，拥有广阔的发展空间。此次签约的比亚迪新能源动力电池生产基地项目位于经开区临港产业园，总投资60亿元，主要从事新能源电池电芯、模组及相关配套产业等核心产品的制造，着力打造比亚迪在华东地区新能源汽车动力电池的战略基地。项目一期投资约30亿元，年产10 GWh动力电池，一期、二期项目全部达产后预计年产值超百亿元。

四、打造徽商回归平台

徽商回归需要多方支持和配合，这就需要着力构建徽商回归

“一把手”工程。所谓“一把手”工程，即由安徽全省地方市委市政府“一把手”亲自带头抓徽商回归工作。政府部门应通过实施“一把手”工程，对新时期徽商回归创业兴业工作进行积极的引导与指导，建立徽商回归例会制度，实行重大项目盯引，推动徽商回归工作，做到“一个项目、一名领导、一套班子、一抓到底”的项目服务协调机制，对徽商回乡创业创新项目实行“签约—落地—投产—达效”一条龙服务。

徽商回归需要打造一个联动平台体系，以更好地承接徽商回归，更快地推动徽商在家乡落地生根与发展。一是高位建设徽商回归承接平台，大力建造诸如产业集聚区、开发区、科技园和工业园等徽商回归平台，着力建造工业园区，将徽商企业聚集起来，给予同样的设施条件和政策，形成多层次、立体式的回归平台体系。通过盘活闲置、升级改造，优化整合现有创业平台，高标准建设纺织产业园、农产品加工园等特色专业产业园和园中园。支持社会资本、专业投资机构、龙头企业建设一批高集聚度的标准化厂房。通过完善配套基础设施，加强创业园道路交通、水电气热、信息通信、污水处理、商贸物流、公共服务等配套建设，提升园区配套综合能力。二是高效建设徽商综合服务平台，为吸引徽商企业回归，可建立“回归企业服务项目清单”制度，提升服务水平和能力，让拟回归的徽商企业明确政府能够提供什么样的服务，对政府的服务有良好的预期。三是完善回归徽商的工作监督机制，建立一套完整的“徽商回归”评价考核办法，不断完善评估与监督方法，在引导徽商回归之时，出台关于支持徽商创业创新，促进安徽经济发展的实施意见和考核办法，将徽商回归工作纳入对省市县和部门的综合考核指标。

在促进徽商回归的过程中，政府做到真诚、恪守诺言，是推动安徽省徽商回归工程最好的宣传方法。在推动徽商回归的过程中，有关部门要切实改革优化政府相关职能，转变政府工作作风，提高政府部门工作效率以及相关服务水平。与此同时，加快政府守信践诺机制的制定与实施，严格施行政府依法、合理地向回归徽商企业作出一定的承诺。立足现有基础，加强研究，积极探索，力争创造徽商回归的“安徽模式”。

徽商公益

2020年是极其不平凡的一年，年初的抗击新冠肺炎疫情、年中的抗洪救灾、年末的脱贫攻坚，无论是捐资捐物、爱心助学还是社会救济，全球徽商组织、徽商企业家都积极响应号召，传承徽商精神，慷慨解囊。

一、徽商与抗击新冠肺炎疫情

2020年年初，新型冠状病毒感染的肺炎疫情持续蔓延，口罩、防护服、护目镜、测温仪等防疫物资紧缺，多方力量都在想方设法筹集防疫物资，全球徽商组织和徽商企业家积极响应，贡献自己的力量。安徽财经大学新徽商研究中心、徽商智库、新徽商大讲堂在2020年1月26日第一时间率先发起倡议，呼吁全球徽商组织与徽商企业支持抗“疫”。

个人层面。亲情、友情、同学情、战友情等在春节期间都少不了聚会，为了不添堵，我们要自律，切实做好个人卫生防护，不熬夜、不酗酒、不暴饮暴食，注意营养均衡，合理安排作息时间，加强锻炼，增强体质，提高机体免疫力；勤洗手，戴口罩，少聚集，常通风，勤消毒，提倡信息拜年、电话拜年、视频拜年。

企业层面。履行企业社会责任，在疫情面前，无论带给企业的是灾难还是机遇，我们都要以国家利益至上，不哄抬物价，积极生产应急物资，结合企业情况和事态发展适时延缓新年开工日期，服从大局。

社会层面。疫情面前，许多企业开始行动起来，支援武汉、支援医务工作者、支援一线工作人员和疫情感染群体，我们也呼吁天下徽商积极行动起来，众志成城抗击疫情，灾难面前必有大爱。与此同时，各徽商企业要积极配合当地政府，争做优秀企业公民。

海外的徽商组织心系家乡，积极响应，为家乡募集防疫物资贡献自己的力量。美国安徽华侨华人专家会会长王希萌发出倡议，为这次武汉新型冠状病毒感染的肺炎疫情发起捐款活动，现场募集善款19.56万元；爱尔兰安徽同乡暨商务总会积极号召在爱华侨华人捐款捐物支援国内抗击新冠肺炎疫情，采购医用手套和医用防护服发回国内；日本徽商协会会长张书明积极组织联系，向我省合肥、蚌埠等市捐赠医用手套和护目镜等物资；菲律宾菲华联谊总会理事长戴国安捐赠医用外科口罩等医疗物资，定向捐赠到马鞍山市；南加州安徽同乡会捐赠4.1584万元，定向捐给安庆市；阿联酋安徽商会暨安徽同乡会捐赠7.4025万元；智利侨胞张恒飞越1.7万公里，将2万只医用口罩捐赠给安徽省红十字会和家乡东至县；罗马尼亚安徽华侨华人联谊会向亳州市人民医院捐赠15300件价值36750元的医用物资，会长阮阳筹集61920件价值127100元的医用物资；瑞典安徽科技商业协会会长、侨胞段茂利教授捐赠医用物资给安徽省立医院、安徽医科大学附院、滨湖医院等医疗机构；芬兰安徽同乡会在吴立新会长的带领下捐款6万余元，定向捐赠医用口罩给安庆。

（一）抗击新冠肺炎疫情，这些省外徽商企业捐赠1000万元

在抗击新冠肺炎疫情中，全国徽商弘扬徽商精神，在搞好企业经营的同时奉献爱心。新徽商大讲堂统计了捐赠超1000万元的徽商企业（这里统计的是省外的徽商企业，包括新徽商执掌的企业），他们奉献大爱，乃大美徽商。

1.比亚迪

面对医疗防护物资严重短缺的局面，比亚迪公司迅速集智聚力，调配资源，着手防护物资生产设备的设计和制造，援产口罩和消毒液，以满足对防护物资的迫切需求。比亚迪公司在捐款1000万元的基础上追加捐赠100多万元紧急医疗物资。2月中旬，比亚迪战“疫”不停步，口罩和消毒液都已量产出货，缓解了疫情防控物资不足的困难。

2.苏宁环球

2020年1月31日，苏宁环球集团董事长张桂平通过民革中央企业家联谊会和中山博爱基金会捐赠了1000万元人民币用于新冠肺炎疫情防控工作，同时定向捐赠1万套总价值330万元的医疗防护服，支援江苏赴湖北抗疫医疗队，展现出大型企业的责任和担当。

3.微盟集团

2020年1月27日，微盟集团宣布通过上海市慈善基金会向湖北省捐赠1000万元，用于采购各类急需的医疗物资。该笔捐款优

先用于湖北省急需医疗物资的地区，包括武汉及其周边的黄冈、孝感、荆门、咸宁等重点疫情城市，采购包括医用口罩、护目镜、防护服以及消毒用品等医疗物资。同时，微盟集团还在小程序开发方面对新冠肺炎疫情的防控给予大力支持。

4. 丰盛集团

丰盛集团投资的安科医疗在最短的时间向武汉和深圳捐赠了价值1100万元的医疗设备和影像平台，丰盛集团控股的中国高速传动向武汉协和医院捐助1000万元用于医疗物资采购和一线医护人员补贴。

5. 雅迪科技

雅迪科技集团董事长董经贵为疫情防控设立3000万元专项公益基金，用于采购符合国家需求标准的医疗防护物资。2020年1月30日，集团首批物资10万只医用口罩发往武汉大学中南医院、黄冈市慈善总会、黄冈市黄州区总医院。此外，公司还通过遍布全球的经销商网络，已在韩国、印度、欧洲等国家及地区采购了100万只医用口罩及医疗防护物资，陆续送达了疫情严重城市。

6. 易事特

面对紧张局面，易事特集团第一时间成立疫情防控小组全方位落实疫情防控工作，并启动捐赠程序，紧急捐赠价值1000万元的医用电源，特别包括ICU病房使用的设备电源，用于火神山、雷神山医院的建设。易事特集团支援各大抗疫医院抗击新冠肺炎疫情，彰显企业的社会责任担当。

7. 迈瑞医疗

春节期间，迈瑞医疗全国各分公司紧急成立覆盖生产、售后、技术支持、临床培训团队的应急小组，提供24小时不间断服务，确保已安装设备的正常运转，并将医院急需的呼吸机、监护仪、输注泵、麻醉机、除颤仪、便携超声及检验设备等医疗战略设备物资，运往抗击新冠肺炎疫情医院前线。迈瑞医疗向武汉火神山医院捐赠一批医疗设备，总价值约700万元，还有向其他地区捐赠的医疗设备，累计超1000万元。

8.苏宁易购

苏宁易购自疫情暴发以来，启动了多轮捐赠，集团总部和全国各地的分公司各类捐赠现金与物资累计已超1000万元。

9.联想集团

联想集团先后向火神山医院和雷神山医院捐赠了大批IT设备，包括电脑、平板、打印机、配套软件、服务器等，全力支援疫情防控一线工作，还有向其他地方捐赠的物资，累计超1000万元。

10.美的集团

2020年1月24日，美的集团启动紧急驰援武汉行动，向武汉市新冠肺炎疫情防控指挥部捐赠建设火神山医院所需的家电产品（包括家用空调、中央空调、热水器、饮水机、洗衣机、干衣机等家用电器）。1月26日，美的集团决定通过湖北省红十字会，向湖北疫区捐赠1亿元人民币，指定用于采购紧急医疗物资。

（二）抗击新冠肺炎疫情，这些省内徽商企业捐款超500万元

在抗击新冠肺炎疫情中，安徽本土企业积极弘扬徽商精神，在搞好企业防控与经营的同时奉献爱心，其中25家安徽本土企业捐赠超500万元。

1. 海螺集团

2020年2月9日，从安徽省疫情防控工作领导小组办公室召开的新闻发布会上获悉，海螺集团捐款2000万元支援疫情防控。海螺集团充分发挥自身海外布点和采购渠道优势，想方设法，克服困难，紧急采购了多批疫情防控急需的医用物品和医疗物资，1月31日向省卫健委捐赠了防护服5100套、N95口罩5.5万只、医用口罩34.6万只，2月1日向芜湖市政府捐赠了3万只医用口罩、50套防护服，以解“燃眉之急”。集团下属的安徽国贸集团捐赠5000套防护服，向合肥市庐阳区、蜀山区、肥东县等地捐赠了1500余套出口型扩音器，用于疫情防控宣传。同日，海螺型材为广东、海南等地疫情防治医院赶制的首批海螺门窗运抵施工现场。5日，海螺创业受捐助单位和湖北省孝感市孝南区政府及疫情防控指挥部委托，组织下属物流公司将援鄂防疫物资及时运输到湖北抗击新冠肺炎疫情第一线。9日，海螺医院急危重症专业2名医护人员入选安徽省第三批援鄂医疗队，逆向而行驰援湖北。

2. 铜陵有色金属集团

2020年2月12日，铜陵有色金属集团通过安徽省红十字基金会向安徽省疫情防控应急指挥部捐赠现金500万元，由安徽省疫情防控应急指挥部统一调配使用，用于全省疫情防控工作，助力打赢疫情防控阻击战，努力担当国企责任。

3. 安徽省交通规划设计研究总院股份有限公司

除夕刚过，安徽省交通规划设计研究总院股份有限公司即组织精干人员，连续作战52小时，为省疫情防控指挥部连夜赶制出安徽省全域水陆交通防疫布控图，为疫情防控提供专业支持，同时捐赠人民币500万元，用于安徽省新冠肺炎疫情防控，为打赢这场疫情防控攻坚战贡献“总院力量”。

4.淮北矿业控股股份有限公司

淮北矿业控股股份有限公司及控股股东淮北矿业（集团）有限责任公司通过安徽省红十字会捐款1000万元，用于安徽省新冠肺炎疫情防控工作。其中，淮北矿业控股股份有限公司捐款600万元，控股股东淮北矿业（集团）有限责任公司捐款400万元。

5.口子窖

2020年2月10日，安徽口子酒业股份有限公司通过安徽省红十字会向安徽省疫情防控应急指挥部捐款1000万元，通过淮北市红十字会向淮北市疫情防控应急指挥部捐款1000万元，用于支援安徽省和淮北市抗击新冠肺炎疫情。口子酒业发扬淮海战役的“小推车”精神，多措并举、不惜代价采购医疗物资，大力支援防疫一线。一方面，公司争分夺秒，在国内紧急采购隔离服1万件、护目镜3000只、额温枪800只；另一方面，积极联系海外采购渠道，紧急拓展货源，从俄罗斯购买医用口罩30万只，从韩国购买KF94口罩3万只、医用外科口罩30万只。

6.江淮汽车

2020年2月9日，江淮汽车向安徽省疫情防控应急指挥部再捐现金500万元，助力打赢疫情防控阻击战。至此，江淮汽车已累计捐赠现金1500万元，持续支援疫情防控工作。1月30日，江淮汽车派出9辆格尔发重卡和1辆瑞风M6商务车组成的专业应急车队，10名员工在接受体温检测及医护人员的安全培训后，将合肥市捐赠的300吨新鲜蔬菜及时运抵武汉。

7.科大讯飞

科大讯飞捐赠价值1000万元物资，支持这场疫情防控阻击战；向重灾区支援紧缺医疗物资，包括疫情防控最紧缺的N95口罩、防护服、护目镜等。

8. 徽商银行

2020年1月28日，安徽省红十字基金会接到徽商银行股份有限公司500万元定向捐赠函，专项用于安徽省新冠肺炎疫情防控和救治。

9. 国元证券

国元证券捐赠1000万元专项用于疫情防控和救治。其中，500万元用于支持湖北疫情防控工作，500万元用于支持安徽疫情防控工作。

10. 洽洽食品

洽洽食品向武汉抗疫一线捐助近700万元物资。洽洽食品通过泰国工厂筹措了近20万只医用口罩，总价值200万元，同时还准备了100多万元的洽洽各类食品物资，为缓解武汉一线医护人员医用物资短缺的情况贡献自己的一份力量。后又追加了抗疫公益捐助，筹措了价值300多万元的坚果食品物资，驰援全国约15个疫情严重的城市、总共34家新冠肺炎定点治疗医院。洽洽食品用行动向各地奋战在救援前线的医护人员致敬，为医务工作者提供营养保障与支持，希望可以让他们在高强度的工作下能及时方便地补充营养，让他们知道他们并不是一个人在战斗。

11. 古井贡酒

新冠肺炎疫情防控工作牵动着每一位古井员工的心。2020年1月30日，安徽古井贡酒股份有限公司研究决定：捐赠2000万元助力打赢疫情防控阻击战。其中，向武汉市慈善总会捐款1000万元，向安徽省亳州市红十字会捐款1000万元，善款将用于支援新冠肺炎疫情防控工作。

12. 祥源控股

2020年1月28日，祥源控股集团有限责任公司向安徽省慈善与社会福利协会捐赠1000万元，专项用于安徽省疾病预防控制中心、合肥市、阜阳市、亳州市和安徽省立医院一线医护人员防护以及急需医疗物资购买。

13. 华安证券

2020年1月25日，华安证券携华安期货、华富基金等子公司向武汉、安徽紧急捐赠800万元，支持抗击新冠肺炎疫情，驰援武汉、守护安徽，捐赠由安徽华安证券公益基金会负责实施。

14. 奇瑞控股集团

2020年1月28日，奇瑞控股集团捐赠1000万元，驰援疫情防控。此次奇瑞控股集团捐赠的1000万元，包括现金、专用救护车辆，以及医用防护口罩、防护服、护目镜等医疗防护物资，主要用于支援湖北等疫情较重的地区。

15. 安徽国控集团

安徽国控集团积极响应省国资委号召，在前期捐赠3万只医用口罩后，向全省疫情防控捐赠563.86万元。其中，集团捐赠现金500万元，职工捐款63.86万元。另外，集团还通过安徽省红十字会向省疫情防控指挥部捐赠400万元，向合肥市慈善总会捐赠100万元。

16. 安徽建工集团

2020年2月12日，安徽建工集团向安徽省疫情防控应急指挥部捐赠资金500万元以及价值20万元的医用防护用品，用以支援新冠肺炎疫情防控工作。

17. 迎驾集团

2020年2月5日，安徽迎驾集团捐款500万元，专项用于疫情防控。其中，向六安市红十字会捐款300万元，向霍山县红十字会捐款200万元。

18. 安徽叉车集团

安徽叉车集团积极调动全球资源，第一时间向安徽省疫情防控应急指挥部捐赠了护目镜、防护帽、隔离衣和防护服等防疫物资共计9400件，受到了安徽省疫情防控应急指挥部的表彰。之后再次捐赠500万元，由省疫情防控应急指挥部统一调配使用，用于全省疫情防控工作，彰显了国有企业的责任与担当。

19. 安徽皖通高速

安徽皖通高速为助力新冠肺炎疫情防控工作，切实履行国有上市公司社会责任，通过安徽省红十字会向安徽省及各市疫情防控工作应急指挥部捐款500万元，用于支援新冠肺炎疫情防控工作。

20. 合肥荣事达电子电器集团

合肥荣事达电子电器集团有限公司主动践行社会责任，积极响应国家号召，于2020年2月2日向安徽省红十字会捐赠首批500万元物资及现金，驰援新冠肺炎疫情防控工作，助力安徽省及武汉市抗击疫情。荣事达用实际行动向奋战在防疫抗疫工作第一线的全体工作者致敬！

21. 安徽省能源集团

2020年2月12日，安徽省能源集团向安徽省红十字基金会捐赠1000万元，其中安徽省能源集团有限公司捐赠500万元，安徽省皖能股份有限公司捐赠300万元，安徽省天然气开发股份有限公司捐赠200万元。此次捐赠由安徽省疫情防控应急指挥部统一调配使用，定向用于安徽省新冠肺炎疫情防控工作。

22.淮河能源集团

淮河能源集团公司密切关注国家防疫局势，在提前复工复产、做好电煤保供的同时，积极履行社会责任，全力支持和配合疫情防控需要，报经省国资委党委同意后，为疫情防控捐赠1000万元，并先后选派4名医护人员驰援武汉，体现共克时艰的国企情怀。

23.华米科技

2020年1月25日，华米科技宣布将筹集1000万元采购医疗物资并捐赠给疫区。华米科技表示，这笔钱的来源是原本计划用来开年会的钱、管理层自掏腰包给员工发红包的钱以及公司供应商的支持。

24.三只松鼠

三只松鼠在疫情期间积极支援疫情一线，累计捐赠款项和物资超500万元。向芜湖市弋江区慈善协会捐赠10万元，向湖北省慈善总会捐赠价值200多万元的物资，联合多家合作伙伴根据自身实际情况，累计捐赠超过150余万。之后三只松鼠联动行业为抗击疫情贡献力量，再次联合供应链企业向社会捐赠150余万元款项和物资支援疫情防控工作。

二、徽商与抗洪救灾

2020年7月初，安徽各地持续强降雨，江河湖库水位迅速上涨，长江、淮河、巢湖流域接连进入紧急防汛期。面对灾情，全球徽商组织、徽商企业家与家乡人民携手并肩，捐物、捐款，送温暖，慰问救灾部队和受灾村民，处处都有徽商的身影，体现出了徽商的责任担当。

1.发扬徽商家国情怀精神

为贯彻落实习近平总书记考察安徽期间重要讲话精神，致敬可歌可泣的“王家坝精神”，2020年9月2日上午，北京安徽企业商会携手爱心企业家走进蒙洼蓄洪区受灾最严重的阜南县老观乡开展爱心公益捐赠活动。在阜南县老观乡玩鱼岛会议室，北京安徽企业商会常务副会长胡永泉和商会的爱心企业家们将45.6万元现金和价值8800元的文具交到老观乡党委书记王军手中，此款将用于阜南县老观乡人民灾后重建及美好乡村基础建设，捐赠文具将发放给当地的留守儿童。

2020年8月4日，澳大利亚安徽商会副会长、侨胞陈巍女士，捐赠大批物资并赴柘皋镇、夏阁镇、银屏镇等开展慰问、捐赠活动。

2020年8月4日，由阜阳市招商中心牵头，来自浙江杭州、海南、吉林、广东东莞、广东江门、黑龙江、四川成都、天津8地的阜阳商会对阜南县开展抗洪救灾捐赠活动，共捐赠救灾款321700元、救灾物资价值825650元，支援阜南县灾后重建工作。

深圳市六安商会在众位企业家和乡友们的支持和努力下，总共募得资金近100万元。在征得六安市领导和受灾严重地区应急部门的意见和同意之后，购得东北大米160吨、中储粮食用油10吨，分别发往六安市下辖四县三区受灾区域，希望能够为家乡受灾民众略尽绵薄之力。

2. 青年徽商积极投身于防汛救灾

灾情就是命令，有些灾区呼吁青年徽商返乡防汛抗洪，有些灾区组织青年徽商积极投身于防汛救灾，倡议天下青年徽商投身于防汛救灾之中。防汛救灾，人人有责，一些青年徽商组建志愿者服务队，传递“一方有难、八方支援”的真情大爱，积极投身抗洪抢险中，全力以赴保障家乡人民群众的基本生活。

3. 徽商企业履行企业社会责任

在防汛救灾面前，无论带给企业的是灾难还是机遇，广大徽商企业都以国家利益至上，不哄抬物价，积极生产应急物资，服从大局，履行企业社会责任，搞好企业的生产自救，降低洪水给企业带来的损失，积极开展组织慰问活动，慰问防汛一线的军人和干部群众；在企业内部深入宣传安全避险知识，自觉做到不信谣、不传谣；广泛传播防汛救灾工作中的先进典型，不断激发广大职工的热情和干劲，凝聚起齐心协力、共同防灾的正能量。家是最小国，国是千万家，在汛情面前，全球徽商组织、广大徽商企业积极投身到防汛救灾工作中去，携手并肩作战，用信念高筑防汛抗洪的堡垒，一起保卫物华天宝、人杰地灵的安徽，共同建设美丽的家园。

三、徽商与脱贫攻坚

在决战脱贫攻坚的路上，徽商组织、徽商企业深度参与，以对接“百企帮百村”、消费扶贫、产业扶贫、就业扶贫、公益捐赠等多种形式助力脱贫攻坚。

广大徽商组织积极参与“百企帮百村”活动。海南省安徽商会、赣州市安徽商会、东营市安徽商会、玉林市安徽商会等徽商组织都深度参与了当地的“百企帮百村”活动，对接当地贫困村，助力贫困户家庭提高经济收入，实现“两不愁三保障”。

阳光电源一直在努力发挥自身技术优势，助力国家打赢脱贫攻坚战，积极承担了全国多地近2万户贫困户、2000多个贫困村，共计84.7万千瓦光伏扶贫电站的运维任务，努力为贫困户的发电收益保驾护航。阳光电源凭借在光伏扶贫上的优异表现，获颁“中国能源产业扶贫杰出品牌”“中国能源产业扶贫模式创新奖”，同时徽商曹仁贤也被授予“中国光伏产业扶贫领军人物”称号。

2020年6月19日，大连徽商商会会长齐圆圆、党支部书记胡国庆等一行到庄河市大郑镇，代表大连徽商商会向困难党员、贫困户代表进行帮扶捐赠。

2020年8月1日上午，烟台市安徽商会会长水庆虎、常务副会长储昭节、秘书长刘以胜一行代表商会到烟台市级重点贫困村之一的牟平区水道镇直格庄村开展扶贫慰问活动。

2020年9月13日，安徽省政府驻广州办事处党组书记、主任郑训练带领大湾区徽商企业家代表赴金寨县油坊店乡东莲村开展扶贫捐赠活动，捐款现金40万元。

2021年1月18日，正威集团向金寨县捐赠脱贫攻坚和乡村振兴帮扶资金1亿元，用以资助金寨正威振风超市以及金寨的教育发展等，助力决胜脱贫攻坚和乡村振兴。

2021年2月25日，全国脱贫攻坚总结表彰大会在北京人民大会堂举行，安徽瓦大现代农业科技有限公司党支部书记、董事长吕彬，申洲针织（安徽）有限公司党委书记、副总经理沈冬荣获

“全国脱贫攻坚先进个人”称号；苏宁控股集团、安徽省交通控股集团有限公司、亳州药都农村商业银行股份有限公司、安徽尧舜智能袜业有限公司荣获“全国脱贫攻坚先进集体”称号。

徽商的公益还体现在其他领域，如2020年6月12日，徽商李西廷向母校中国科学技术大学捐赠1.068亿元，用于支持中国科学技术大学教育基金会的各项工作；2020年10月5日，在合肥工业大学建校75周年之际，阳光电源向校方捐赠500万元，用于支持学校教育事业，改善相关专业科研条件。

天下徽商秉承家国情怀、乐善好施的公益理念，在助老、关爱、教育、资助、捐赠等多领域谱写了大美徽商的公益赞歌。

附录一：2020年新成立的异地徽商组织

异地各类徽商组织的建设为异地徽商与地方政府之间的沟通搭建了桥梁，对徽商回归、徽商文化的传播与徽商精神的传承起到了重要作用。2020年，全球新成立异地徽商组织20家。

1.长沙市安徽商会。2020年1月3日，长沙市安徽商会成立大会暨首届徽湘商贸经济论坛在长沙瑞吉大酒店举行。出席本次会议的有长沙市政协副主席、工商联主席彭继球，安徽省工商联党组成员、副主席司应武，长沙市工商联副主席、市商协会组织联合党委书记张明刚，长沙市民政局社会组织管理局副局长兰旋，长沙市工商联会员处处长王新兰、副处长黄春顺等。此外还有来自长沙市、安庆市、亳州市、常德市、娄底市、津市市、岳西县、利辛县、长沙县、开福区等多个地市县政府领导，以及中通快递总裁王吉雷、运达实业董事长高云安等50余位知名企业家以及商会会员单位代表共300余人出席大会。会上当选为首届会长的王灿友发表了讲话。

2.厦门市安徽商会。2020年1月4日，厦门市安徽商会成立大会暨就职典礼和庆祝晚宴在厦门五通佰翔酒店举行。会议选举张明担任商会第一届理事会会长。厦门市安徽商会第一次会员大会在厦门市民政局与厦门市工商联领导的现场监督下，对厦门市安徽商会的章程、选举办法、理事会、监事会、会费收取标准、财务管理制度进行了投票表决。会议推选产生了第一届理事会成员39名，监事3名，共42名商会领导班子。

3.辽宁省安徽商会。2020年3月29日，辽宁省安徽商会成立大会暨第一届会员大会在沈阳市沈北新区召开。商会的成立将有效整合资源，发挥整体优势，帮助徽商企业做大做强，让徽商为东北振兴尽一份力量，做一份贡献。据不完全统计，目前在辽宁投资、兴业、务工的安徽人有70多万，主要涉及房地产、建筑、装修、石材、五金、化工原料、装备制造、电子、医药及医疗器械、天然气管道输送、餐饮、商贸、娱乐休闲等多个行业。经商会会员无记名投票，选举檀海平为辽宁省安徽商会会长，苏剑华为副会长兼秘书长。

4.成都安庆商会。2020年5月20日，成都安庆商会成立庆典在成都世纪会议中心举行。安庆市政协党组书记、主席章松，安庆市政协副主席、市工商联主席王晓辉，成都市委统战部副部长、市工商联党组书记黎邦华，成都市工商联副主席温莉艳，安庆市政协办公室主任王耀武、市工商联副主席王文生、招商中心主任汪久清，潜山市副市长程赟，成都市民政局社会组织处处长吴祝家等相关部门领导应邀出席会议。全国安庆商会联盟代表与宜蓉两地相关领导、社会各界嘉宾300余人共同见证了这一历史时刻。会议伊始，吴祝家、温莉艳先后宣读了成都安庆商会成立批复，以及第一届商会理事会成员名单。吴功建当选为首届会长，潘启苗当选为首任党支部书记，朱阮洲当选为监事长，聘请汪丽娟为秘书长。

5.滨州市安徽商会。2020年5月28日，滨州市安徽商会第一次会员大会暨成立大会举行。会上，滨州市行政审批服务局工作人员宣读了《关于同意成立滨州市安徽商会的批复》。大会选举韩允彬为滨州市安徽商会会长。韩允彬指出，商会成立后将充分利用自身优势和有效资源，通过开展各种经济交流及推广活动，大力拓展本市、省内市场，为在滨的徽商企业寻求更多的发展机遇和更多的合作空间。同时，商会将广泛加强在滨的各异地商会间的交流合作，为徽商企业发展提供最大限度的服务保障，推进商会健康发展。商会还将为广大会员提供信息咨询、技术培训、法律援助以及全方位的服务保障，加强会员之间、企业之间的紧密联系和合作共赢，为会员企业的发展作出积极贡献。

6.南京市桐城商会。2020年7月17日，南京市桐城商会第一次会员大会暨商会成立大会在南京雨润涵月楼酒店召开。南京市工商联党组成员、副主席郑德巍，南京市工商联一级调研员卞文佐，桐城市政协主席雷建鸣，桐城市政协副主席、市工商联主席马玉荣，南京市委统战部经济处、市工商联会员处主要领导，桐城市委统战部、工商联、政协提案委、投资促进中心、驻外招商中心主要领导，巴基斯坦华侨华人协会、南京市安庆商会主要领导，南京市桐城商会名誉会长、顾问及全体会员共100多人出席会议。汪福胜当选为首任会长，张小益当选为执行会长，汪发青当选为党支部书记、秘书长，罗翔胜当选为监事长，史和庆等4人当选为常务副会长，张嘉庆等6人当选为副会长。

7.高邮市安徽商会。2020年8月28日，高邮市安徽商会正式成立。高邮市委常委、市政府党组成员、市委统战部部长杨文喜为高邮市安徽商会成立揭牌。杨文喜希望，高邮市安徽商会要凝聚力量、服务会员，让每一个来高邮创业的安徽人，只要一遇到困难，就会想到找安徽商会帮忙，让商会成为在邮安徽人的温馨家园。商会要整合资源、加强交流、当好平台，帮助商会会员把企业做大做强做久，把主业做精做细做优；要致富思源、情系两地、当好桥梁，把自身事业与高邮、安徽两地发展紧密联系起来，为两地经济腾飞贡献自己的一份力量。当日上午，高邮市安徽商会召开第一次会员大会，选举产生了商会第一届理事会，扬州邮驿电子商务有限公司董事长鲍美萍当选为高邮市安徽商会首任会长。

8.西藏安徽安庆商会。2020年9月1日，西藏安徽安庆商会正式成立，为西藏与安庆的经济文化交流再添新平台。西藏自治区工商联向西藏安徽安庆商会的成立表示热烈祝贺，向支持在西藏创业发展的安庆各界人士表示感谢。西藏安徽安庆商会的成立，是两地经济文化交流的一件大事、喜事，西藏安庆商会将成为两地团结合作的平台、展示安庆新形象的窗口、连接两地发展的纽带。西藏安徽安庆商会会长蔡金平说："成立安庆商会，旨在在西藏树起一面引领安庆籍商人奋发有为、不断高歌向前的旗帜。西藏有众多的安庆籍企业家和商界人士，成立商会对于凝聚安庆籍从商人员的力量，抱团发展，促进两地经济交流、推动两地的合作具有十分重要的意义。下一步，我们将努力依靠平台，做好各项工作。"

9.宜宾市安徽商会。2020年9月20日，宜宾市安徽商会召开成立大会暨授牌仪式。宜宾市副市长王力平出席会议并为宜宾市安徽商会授牌。宜宾市委统战部副部长、市工商联党组书记青云宣读商会第一届领导班子选举结果的批文。宜宾市总商会副会长、四川朵唯智能云谷有限公司董事长何明寿当选为宜宾市安徽商会名誉会长，宜宾市成宇物业服务有限公司总经理孔德成当选为宜宾市安徽商会会长。宜宾市工商联主席、市总商会会长王超代表市工商联、市总商会向新当选的商会第一届领导班子表示祝贺，要求商会认真学习贯彻习近平总书记在企业家座谈会上的重要讲话精神，认真学习《关于加强新时代民营经济统战工作的意见》等政策理论，充分发挥民营经济领域基层统战组织的主阵地作用，教育引导广大会员坚定发展信心，积极参与光彩事业和社会公益活动，树立良好徽商形象，为宜皖两地经济文化交流，以及宜宾加快建成成渝地区经济副中心作出更大贡献。宜宾市民政局等相关市级部门、在宜金融机构、四川省安徽商会、宜宾异地友好商会代表及宜宾市安徽商会会员100余人参加成立大会。

10.秦皇岛市安徽商会。2020年9月29日，秦皇岛市安徽商会成立大会在秦皇岛市首旅京伦酒店举行，秦皇岛市政协副主席、市工商联主席裴晓鹏，市委统战部副部长、市工商联党组书记董景龙，市工商联常务副主席卢新平，市工商联二级调研员武玲，市行政审批局李占勇科长，市民政局张俊杰科长出席成立大会。大会由秦皇岛市海港区政协原主席何发江主持，安徽省工商联发来贺信，祝贺秦皇岛市安徽商会成立。环京津冀各地安徽商会代表，秦皇岛市安徽商会会员企业200余人参加成立大会。会上，秦皇岛市有关部门宣读了《关于批准成立秦皇岛市安徽商会的批复》，通过了《秦皇岛市安徽商会章程》，听取了筹备委员会作的工作报告，选举产生了党支部书记、会长、副会长和组织机构其他成员。此次成立大会的召开，标志着秦皇岛市安徽商会的正式成立，掀开了秦皇岛市徽商企业助力港城经济社会发展新的篇章。大会选举秦皇岛兴华电器有限公司董事长汪长春为第一届秦皇岛市安徽商会会长。

11.上海市安徽商会宿州灵璧分会。2020年9月29日，上海市安徽商会宿州灵璧分会成立大会暨第一届第一次会员大会举办。上海市安徽商会宿州灵璧分会筹备组向大会作了筹备工作报告，大会审议并通过了《上海市安徽商会宿州灵璧分会章程》《上海市安徽商会宿州灵璧分会会费管理办法》《上海市安徽商会宿州灵璧分会选举办法》等草案，选举产生了上海市安徽商会宿州灵璧分会第一届领导班子。其中，王德发等15人当选为首届理事会理事，王德发当选为会长，丁儒、王超风当选为执行会长，王玉武、姬在镇、张凯成、程飞、张强当选为常务副会长，尹成军、谢荣强、刘春兰、王铄源、刘子龙、王伟、贺德超当选为副会长，马群当选为副秘书长。灵璧县委常委、统战部部长单彩荣致辞并宣布商会正式成立。单彩荣指出，上海市安徽商会宿州灵璧分分的筹备与成立为灵璧籍在沪精英人士提供了一个互动交流、招商引资、社会公益的平台，在沪灵两地文化交流、经贸合作、资源整合等方面必将作出较大的贡献。

12.沧州市安徽商会。2020年11月6日，沧州市安徽商会成立，并正式召开沧州市安徽商会第一届第一次会员大会。沧州市华海顺达粮油调料有限公司董事长钱清华当选为会长。据介绍，沧州市约有徽商3万余人，广泛分布在粮油干调、建筑工程、五金机电、科技研发、交通标识、物流运输、服装商贸、茶业、餐饮、装饰装修等20多个行业，特别是京津冀协同发展战略实施以来，作为环渤海经济圈重要城市之一的沧州，成为疏解北京非首都功能的重要承接地，也成为在京徽商重要的疏解集散地。新成立的沧州市安徽商会，将秉承服务会员、回馈社会的宗旨，发挥徽商优势，为疏解北京非首都功能和推动两地文化、经济交流合作发挥好桥梁和纽带作用。钱清华表示，商会将自觉接受沧州市委市政府及有关部门的领导和管理，加强与家乡政府和商会的沟通联系，积极发挥好桥梁和纽带作用，推动沧州和安徽工商界的交流合作，为两地经济建设和各项社会事业发展作出新贡献。

13. 天津市安徽亳州商会。2020年11月26日，天津市安徽亳州商会在天津市津卫大酒店举行成立庆典。众多亳州籍在津民营企业家与兄弟商会代表齐聚一堂，共话桑梓之情，共襄亳州发展。据悉，天津市安徽亳州商会现有在籍会员企业30余家，来自物业管理、中医药、工程建设等多个行业领域。天津市工商联副主席郑伟，天津市津南区统战部副部长、区工商联党组书记吕强，天津市津南区工商联副主席辛树江，天津市津南区工商联办公室主任王秀军，天津市安徽商会会长张长江，古井集团天津分公司总经理张凡稀，亳州市工商联副主席郑勇等领导嘉宾出席了庆典仪式。天津市安徽商会常务副会长姜勇飞当选为天津市安徽亳州商会会长。姜勇飞表示要建立健全商会运作机制，完善商会的各项规章制度，逐步规范内部管理；坚持“宁缺毋滥，多多益善”的原则，大力发展会员，壮大商会实力，提升会员企业的综合实力和市场竞争力；强化商会的服务功能，努力拓展服务领域，切实提高服务质量和水平，讲好徽商故事，展现会员风采；按照“以商养会”的工作思路，通过组建商贸公司，重点推广中医药、白酒等亳州特色产业，发动会员企业共同参与，实现商会自身“造血”功能，保障商会的持续健康发展；切实加强商会与津皖两地政府的沟通交流，进一步强化商会的桥梁和纽带作用，争取更多的政府资源和政策支持，全力为会员企业服务，同时，还要鼓励和引导有实力的会员企业回亳州投资兴业，为家乡的繁荣发展贡献力量；继续组织和参与各类公益慈善事业和志愿服务工作，引导商会所有会员企业履行应有的社会责任与企业担当，以“助学扶困”为主要方向，帮助和扶持弱势群体，积极弘扬社会主义核心价值观，传递正能量。

14. 杭州市池州商会。2020年11月28日，杭州市池州商会成立庆典暨全国池州商会联盟第二届会议在杭州举行。杭州市政协副主席、市工商联主席冯仁强，池州市人大常委会副主任、市工商联主席王家莹，池州市副市长孙革新，池州市政协副主席周珍花，浙江省原人大常委会委员、财经委主任、建设投资集团党委书记、董事长刘国红，浙江省司法厅原副厅长陈治中，池州市政协秘书长姚五健，杭州市安徽商会终身名誉会长杨士成等领导参加会议。杭州市池州商会的成立，标志着在杭创业的池州人从此有了自己的家，目前商会会员企业已有100余家。杭州市政协副主席、市工商联主席冯仁强在讲话中指出，市委市政府高度重视商会发展，希望杭州市池州商会切实做到引领商会经济发展，带动区域经济进步，模范带头规范经营，维护会员合法利益，努力把商会打造成“池州籍在杭企业者之家”，为推进池州籍在杭企业快速、健康发展作出应有贡献。

15. 四川省徽商联合会。2020年11月30日，四川省徽商联合会第一次会员代表大会暨第一届第一次理事会在成都召开。会议最终审议并通过《四川省徽商联合会章程》、四川省徽商联合会第一届理事会候选人名单，选举产生了四川省徽商联合会第一届理事会会长、监事长、副会长及成员。成都豪庭假日酒店管理有限公司董事长季翔当选为四川省徽商联合会首届创会会长。会上，四川省民政厅、省工商联相关领导分别宣读了《四川省徽商联合会预核名通知书》《关于同意作为四川省徽商联合会业务主管单位的批复函》。四川省徽商联合会筹备组组长季翔作联合会筹备工作报告。

16. 新疆建设兵团第十三师安徽商会。2020年12月2日，新疆建设兵团第十三师安徽商会揭牌仪式在红星建国饭店举行。十三师安徽商会的成立，为十三师徽商发展提供了平台，为十三师经济发展注入新的动力。近年来，随着十三师经济社会的快速发展，越来越多的安徽籍创业者来到十三师投资兴业。目前，在十三师注册的安徽民营企业近百家，总注册资本近亿元。十三师安徽商会投资领域广泛，涵盖房地产、物流运输业、餐饮等行业，为促进十三师和安徽两地经贸交流，以及两地的民营企业和经济社会发展服务起到了重要作用。十三师党委组织部，师民政局、工商联等相关部门领导，以及十三师安徽商会会员参加成立大会，十三师副师长潘朝印、师民政局领导贺卫民与新当选的商会会长王周瑜共同为第十三师安徽商会揭牌。大会选举王周瑜为会长，刘其军为监事长，李森为执行会长。

17. 海南省滁州商会。2020年12月19日，海南省滁州商会成立大会举行，海口市工商联（总商会）副会长余同成当选为会长，张群当选为秘书长。

18. 常州市武进区合肥商会。2020年12月26日，常州市武进区合肥商会成立大会在常州白金汉爵大酒店召开。江苏省军区原副司令员吕振林少将，常州市武进区委常委、统战部部长杨国成，合肥市庐江县政协党组书记、主席汪庆才，合肥市庐江县政协副主席王向阳，合肥市工商联党组成员、副主席王宏，常州市武进区委统战部副部长、区工商联党组书记赵忠明，合肥市庐江县工商联主席朱晓丽，江苏省安徽商会常务副会长、秘书长宛明星，常州市武进区民政局、工商联、行政审批局等相关部门领导，各友好兄弟商会代表以及商会全体会员、在常皖籍老乡、社会各界朋友等400余人出席会议，共同见证常州市武进区合肥商会的成立。会议宣读了《关于同意成立常州市武进区合肥商会的批复》，选举产生了商会会长、副会长、监事等班子成员，审议聘任了商会秘书长及顾问，杨德传当选为会长。

19.南京市合肥商会成立。2020年12月27日，南京市合肥商会成立大会暨第一届年会在南京召开。江苏省军区原副司令员吕振林少将，南京市政协副主席黄河，南京市委统战部副部长、市工商联党组书记丁铭，合肥市政协副主席、市工商联主席姚亚妹，南京市工商联党组成员、副主席郑德巍，江苏省安徽商会常务副会长、秘书长宛明星等出席大会，共同见证南京市合肥商会的成立。会上，南京市工商联会员处处长褚丹植宣读了《南京市工商联关于同意成立南京市合肥商会的批复》，南京白下高新技术产业开发区管委会党群工作部部长王明慧宣读了《关于同意成立南京市合肥商会党支部委员会的批复》，标志着在宁合肥籍的企业家有了一个自己的家，有了一个可以相互交流沟通的平台。会议选举产生了第一届南京市合肥商会理事会和第一届商会领导班子成员，南京首屏科技集团有限公司董事长李中兵当选为南京市合肥商会会长。

20.广东省安徽广德商会成立。2020年12月27日，广东省安徽广德商会成立庆典大会在广州市举行。安徽省政府驻广东办事处党组书记、主任郑训练，安徽省政府驻深圳办事处主任张健，广德市领导李军、程庆及各兄弟商会代表等出席会议。广东省安徽广德商会现有会员企业63家。商会设立商会理事会、监事会和秘书处等组织架构，确定“凝聚乡贤、促商共赢”为商会宗旨，“团结奉献、共同进取”为商会的核心价值，“信息交流、资源共享、投资兴业、回馈家乡”为商会定位。香港纵横集团总裁杨正富当选为广东省安徽广德商会会长。

附录二：2020年徽商大事记

1.2020年1月5日，由安徽财经大学新徽商研究中心、安徽公共频道《徽商纵横》栏目组联合举办，BOSS商学院合肥分院承办的徽商创新风云人物颁奖盛典暨中国产业经济及企业发展高峰论坛在合肥翡翠湖迎宾馆举行，安徽省原副省长张润霞、安徽省社科联原主席程必定、安徽省发改委原副主任徐炎、安徽省人社厅原副厅长刘光明、安徽省原商业经济研究所所长王我、安徽经济报社社长马顺生、安徽省文史馆副馆长张旭华、安徽日报原新闻研究所副所长高文光、安徽省科学家企业家协会秘书长戴建华、安徽财经大学新徽商研究中心主任王唤明、安徽公共频道《徽商纵横》总监吴燕、BOSS商学院合肥分院院长杨红勇、安徽大学商学院EDP中心主任孙国正以及来自各领域的徽商企业家近300人应邀出席了此次活动。

2.2020年5月15日，上海市安徽商会第六届第一次会员大会暨换届大会在上海国际会议中心举行，景域驴妈妈集团创始人洪清华当选为新一届会长。安徽省副省长、省工商联主席王翠凤，上海市政协副主席、市工商联主席王志雄，上海市政协副秘书长邢邦志，安徽省政府驻沪办事处党组书记、主任刘卫东等领导出席会议，并有来自全国各地的徽商代表及关心支持徽商发展的社会各界人士参会，大家共聚一堂，见证盛会。会议审议通过了上海市安徽商会第五届相关工作报告，宣读了《上海市安徽商会章程》修改说明，选举产生了以洪清华为会长的第一届商会领导班子，并聘请巨人集团董事长史玉柱为名誉会长，郑永刚、王均金、丁佐宏、胡成中、王文银、连柏林、刘涟清、郭文叁、梁金辉、余渐富、李士发、杨桂生、张真铭、陈继武为商会荣誉顾问，上海市六安商会会长、以诺康医疗科技（苏州）有限公司董事长刘守国，上海电能电气（集团）有限公司董事长吴献忠，人和集团董事长朱圣杰，上海肯汀通讯科技有限公司董事长徐章来当选为执行会长，王东峰、包先尚、冯伟、朱盈、伍俊峰、李建平、朋刘军、徐昇、高超、盛文力当选为常务副会长。

3.2020年7月3日，为进一步加强广东徽商商会之间的沟通交流，推动广大在粤徽商融合发展，广东省安徽商会联合安徽省政府驻广州办事处在正威国际广州总部举行广东省安徽商会会长联席会，广东省政协原副主席姚志彬，安徽省政府驻广州办事处党组书记、主任郑训练，原成都军区空军副政委张逢堂少将，以及来自广东省安徽商会、深圳市安徽商会、中山市安徽商会、江门市安徽商会、清远市安徽商会、东莞市安徽商会等各地市皖籍商会会长（代表）共计50余人参加会议。

4.2020年7月4日至5日，由上海市金山区工商联、绩溪县人民政府主办，上海安联（徽盟）承办的百名上海徽商重走徽杭古道活动举行，近百名在沪皖籍企业家走进美丽古老的绩溪，重走徽商之路，寻觅徽商之源。大家陆续参观了胡雪岩纪念馆、绩溪博物馆，感受绩溪作为古徽州的重要组成部分所散发出来的浓浓的文化和商业底蕴，感受徽派建筑白墙黑瓦水墨山水般的美丽。

5.2020年7月7日，“口子窖新时代新徽商2020年度人物盛典”活动启动仪式在安徽广播电视台一楼大厅举行。本次活动将持续一年时间，启动仪式后，安徽广播电视台公共频道将派出特别报道团队，在全国范围内寻访报道新徽商中的典范人物，全媒体展示他们的创业历程和奋斗轨迹，宣传当代徽商自强不息、逆境开拓的改革先锋事迹，并最终通过年度人物盛典的仪式，点赞新徽商奋斗报效时代、助力伟大复兴的使命精神。安徽省委宣传部副部长夏少权，省委统战部副部长、省工商联党组书记、常务副主席缪学刚，安徽广播电视台党委书记、台长、总编辑聂庆义，党委委员、副台长邵晓晖等领导出席了启动仪式，并和企业家代表——科大讯飞股份有限公司执行总裁吴晓如、安徽口子酒业股份有限公司总经理助理聂基辉一起，共同点亮活动大屏幕。在启动仪式上，安徽广播电视台台长聂庆义在致辞中表示：此次“口子窖新时代新徽商2020年度人物盛典”，是安徽广播电视台认真落实习近平总书记提出的“四向四做”要求，贯彻践行李锦斌书记“加强正面宣传，讲好中国故事安徽篇”的又一次主动谋划与实践。该活动由安徽广播电视台和安徽省工商联联合主办，由安徽广播电视台公共频道、安徽国际徽商交流协会、中国科学技术大学管理学院、安徽大学徽学研究中心、决策杂志社五家单位联合承办。

6.2020年9月8日，第六届徽商奥斯卡全球年度盛典启动仪式暨长三角一体化高质量发展徽商对话在合肥市举行。来自上海、江苏、浙江等长三角地区以及安徽省内外的200多位徽商企业家代表、安徽省异地商会代表、异地安徽商会代表齐聚一堂，共同见证两年一届的徽商年度盛会拉开帷幕，寻找长三角一体化高质量发展新机遇。本届盛典以“创新力、发展力、引领力”为主题，希望利用这一主题，寻找并弘扬在全球经济挑战中逆势发展、在新一轮信息革命中主动求变、在抗击新冠肺炎疫情中奋勇向前、在决战决胜脱贫攻坚中勇担使命的徽商榜样力量。此外，第六届徽商奥斯卡新标识也在此次仪式上正式发布。新标识以张开双臂、迎风飞扬的人物为主题，诠释了凝聚徽商力量、重塑徽商榜样的盛典主旨。

7.2020年9月12日，世界制造业大会江淮线上经济论坛在安徽合肥举行，大会论坛设置了云开幕、云论坛、云展示、云签约等“四朵云”活动。作为今年8场云论坛中唯一冠名“徽商”的专项活动，云上徽商论坛同日在安徽创新馆举办。云上徽商论坛以“云聚徽商　智造未来”为主题，安徽省政府副秘书长、省政府发展研究中心主任吴劲松主持论坛开幕式，安徽省副省长周喜安致辞。论坛期间，经济学家王一鸣、范恒山进行了主旨演讲；在云端徽商对话、徽商论道等环节，多个知名徽商企业家进行了分享。徽商论坛期间，《徽商发展报告2020》和“2020创新力徽商”榜单在云上徽商论坛现场重磅发布。

8.2020年9月12日，环首都徽商会长联谊会暨京津冀协同发展研讨会在天津滨海新区徽商商会举办。参加会议的有华夏徽商联盟共同主席杨传德、天津滨海新区徽商商会会长魏国庆，华夏徽商联盟执行主席马悦凯，廊坊安徽商会会长袁克银，北京安徽商会常务会长、徽商联盟常务副主席胡永泉，保定安徽商会会长张万义，河北安徽商会副会长，秦皇岛安徽商会会长汪长春，保定新徽商联合会会长武维超，天津安徽商会常务会长丁成学，赤峰安徽商会常务会长陈齐亮，唐山安徽商会副会长李满天，张家口安徽商会副会长李强，北京巢湖企业商会常务会长钱发明，廊坊安徽商会副会长孙家峰，天津安徽商会副秘书长杜美蓉，天津滨海新区徽商商会常务副会长马明亮等企业家代表30余人出席了会议并见证了授牌仪式。

9.2020年9月20日，由上海市滁州商会承办，10家在沪地市商会联合协办的上海市安徽地市商会会长联谊会在上海举行，上海市蚌埠商会会长王志友、上海市安庆商会会长聂建明、上海市马鞍山商会会长徐剑、上海市阜阳商会会长金四海、上海市滁州商会会长罗兴刚、上海市铜陵商会会长古德玉、上海池州商会会长高宝霖、上海市淮南商会会长樊西堂、上海市六安商会会长刘守国、上海市亳州商会会长张春应邀到会，10家商会会长进行了对话和交流发言。本次活动的目的是以徽商的情怀、上海的包容，打造上海徽商团结协作、共进共赢的良好形象。据悉，这是在沪徽商首次抱团合作，600余名商会副会长及以上人员出席活动。本次活动旨在迎接长三角一体化高质量发展的历史机遇，探讨徽商企业如何布局长三角，跨地域做大市场，提升企业目标定位，推动企业转型升级，实现高质量发展。

10.2020年9月29日，“新徽商·再出发”上海市安徽商会长三角融合发展高峰论坛暨安徽地市资源资本对接会在上海国际会议中心召开。本次会议围绕长三角一体化高质量发展下的机遇和挑战，举行了商会第六届第二次会员大会、徽商大讲堂·长三角论坛、八大专委会徽商创新发展论坛、安徽地市在沪资源资本对接会、签约总投资150亿元的安徽省第一个长三角融合产业城等议程。上海市工商联主席、上海市总商会会长寿子琪，上海市安徽商会会长、景域驴妈妈集团董事长洪清华，全国政协委员、上海市江苏商会会长、月星集团董事局主席丁佐宏，微盟集团董事会主席兼首席执行官孙涛勇，商会荣誉顾问、招商银行总行原行长助理、招银金融租赁有限公司原董事长连柏林，商会荣誉顾问、上海安徽经济文化促进会会长刘涟清，荣誉顾问、上海杰事杰新材料集团董事长杨桂生，荣誉顾问、上海上大鼎正软件股份有限公司董事长张真铭，荣誉顾问、凯石投资管理公司董事长陈继武，上海市律师协会会长季诺等，针对广大会员、在沪徽商关注的热点话题，从政策、资本、新科技、互联网、投融资、法治环境等角度进行了精彩分享。

11.2020年10月10日，由中山市安徽商会主办，安徽国际徽商交流协会特别支持的2020粤港澳大湾区徽商高峰论坛暨中山市安徽商会10周年庆典在中山博览中心举行。中山市委书记、市人大常委会主任、党组书记赖泽华在大会上发表了讲话，他首先对各位徽商企业家为中山市经济社会发展作出的贡献表示衷心感谢，然后重点描绘了中山市未来的发展前景，衷心希望中山市安徽商会以及全市200多家各类商会和广大民营企业家，在党的坚强领导下，凝聚磅礴力量，同心同德，建设更加美好的中山。安徽省人大常委会原副主任吴昌期强调，徽商商会和徽商企业家要踏实学习好党的方针政策，学习贯彻好习近平新时代中国特色社会主义思想，携手创造新的辉煌。广东省政协原副主席姚志彬，中山市委常委、统战部部长梁丽娴，中山市东区街道办党工委副书记彭博，滁州市副市长刘茂松，合肥市投资促进局商会处处长王蓓等应邀出席了活动并发表了精彩的致辞。

12.2020年10月21日至23日，由安徽日报报业集团指导，徽商传媒、徽商全球理事会主办，安徽金种子酒业承办的2020全国部分安徽商会会长联席会议在阜阳成功召开，会议主题为“经济‘双循环’形势下区域经济如何实现高质量发展”，100余位全国异地安徽商会会长、徽商企业家代表围绕“双循环”“高质量”等经济热词，展开深度探讨与交流。会议开幕前，参加此次会议的商会会长代表们集体前往“千里淮河第一闸”——王家坝闸，参观王家坝抗洪纪念馆和西田坡庄台，共同发出徽商王家坝宣言，号召徽商企业家积极投身家乡建设，勇担社会责任和使命。

13.2020年11月6日至8日，由中国商业史学会、中国商帮论坛组委会指导，安徽财经大学新徽商研究中心承办，安徽师范大学徽商发展研究院、安徽经济报社、绩溪县委党校协办的第四届中国商帮论坛在绩溪县委党校举行，来自中国社科院、浙江大学、山东大学、中山大学、暨南大学、华东理工大学、温州大学、云南财经大学、安徽师范大学、安徽财经大学、运城学院、巢湖学院、蚌埠学院、铜陵学院、安徽商贸职业技术学院、安徽经济报社、绩溪县委党校等近20所高等院校商帮研究机构及有关单位的40余名专家学者应邀参加了此次论坛。论坛举行了简单的开幕仪式，安徽财经大学新徽商研究中心主任王唤明主持了开幕仪式，安徽财经大学党委常委、副校长周加来，中共绩溪县委常委、组织部部长彭静，中国社科院研究员康荣平，安徽经济报社社长、总编辑马顺生，安徽师范大学经济管理学院副院长马骥分别致辞。

14.2020年11月20日至22日，“奋斗家·梦想家”2020徽商全球理事会年会及徽商名媛荟年会在安徽省亳州市涡阳县召开，来自全国各地的徽商精英齐聚、共谋徽商发展大计，并将代表新时代徽商中“奋斗家”“梦想家”发声。作为本届“双年会”的总冠名单位，高炉家·徽酒集团董事长林劲峰与参会的企业家们分享经验，进行交流。

15.2020年11月28日，由安徽省徽学学会主办，安徽大学徽学研究中心承办的安徽省徽学学会第五次会员大会暨“面向‘十四五’的徽学研究”学术研讨会在合肥梅山饭店召开。安徽省社科联党组书记、常务副主席洪永平当选为学会新一届会长。来自安徽省社科院、安徽师范大学、安徽中医药大学、安徽建筑大学、淮北师范大学、淮南师范学院、黄山学院、黄山社科联、安徽中国徽州文化博物馆等相关单位的150余名专家学者参与学术研讨会。安徽大学刘伯山教授、安徽师范大学刘道胜教授等12名学者分别作了专题学术报告。安徽大学党委书记蔡敬民，安徽省民政厅社会组织管理局局长阚家安，安徽省社科联党组成员、副主席、秘书长周祥飞，安徽省徽学学会上一任会长王世华出席会议并发表讲话，会议开幕式由省社科联党组书记、常务副主席洪永平主持。

16.2020年12月12日至13日，含山县人民政府、安徽师范大学徽商发展研究院联合举办了“中国·运漕论坛——徽商与长三角一体化发展高峰论坛”。60余名专家学者、中华老字号企业代表及中央、省、市政府智库研究人员参加论坛。本次论坛分为两场，第一场交流研讨活动在芜湖市举行。安徽师范大学副校长彭凤莲，中国商业史学会老字号委员会主任祝合良，含山县副县长汪学峰等先后致辞并表示祝贺。与会专家、学者和智库研究人员围绕“徽商发展研究”“老字号企业发展探讨”“商帮比较研究”“商人商业与市场经济”等主题，进行了充分的交流研讨。第二场活动“中国·运漕论坛——徽商与长三角一体化发展高峰论坛”在含山县运漕镇举行。含山县委副书记、县长钱俊出席论坛开幕式并致辞，开幕式由县委常委、宣传部部长齐道明主持。中国经济体制改革研究会产业委员会副主任倪旭巍，安徽省政府参事、省经济学会副会长兼秘书长、省社科院城乡经济研究所所长孔令刚，安徽师范大学党委常委周端明及有关高校专家学者，中央及省、市政府智库单位，相关协会及企业代表应邀出席论坛。

17.2020年12月22日，2020国际徽商精英工作年会暨投资对接合作交流大会在合肥举行。来自全国200多个城市500余位徽商商会代表共赴家乡之约，庆祝安徽国际徽商交流协会成立15周年盛事，聚焦“新格局·新徽商·新使命”主题，共商合作发展大计。本次会议由古井集团、安徽中烟、丰大集团承办，合肥市投资促进局、合肥市高新区霍邱现代产业园、古顶酒庄协办。大会第一阶段为换届会议，选举了新一届班子成员，苏宁环球集团董事长张桂平连任会长，安徽中烟工业公司总经理王志彬、安徽古井集团董事长梁金辉、安徽（巢湖）进出口食品产业园董事长夏阳当选为常务副会长，奇瑞新能源汽车股份有限公司总经理高立新当选为监事长，叶青松当选为秘书长。大会第二阶段为2020国际徽商精英工作年会暨投资对接交流会，会上发布了2020年度中华百名优秀徽商榜单。

附录三：2020年上市的徽商企业

1.2020年1月23日，中关村·岳西筑梦小镇——玉禾田环境发展集团股份有限公司在深圳证券交易所上市（股票代码：300815）。

2.2020年2月10日，安徽艾可蓝环保股份有限公司登陆深圳证券交易所创业板（股票代码：300816）。

3.2020年4月28日，安徽芯瑞达科技股份有限公司在深圳证券交易所挂牌上市（股票代码：002983）。

4.2020年5月25日，安徽龙磁科技股份有限公司在深圳证券交易所创业板挂牌上市（股票代码：300835）。

5.2020年5月28日，三人行传媒集团股份有限公司在上海证券交易所主板上市（股票代码：605168）。

6.2020年7月3日，安徽皖仪科技股份有限公司在上海证券交易所科创板上市，成为安徽省首家科创板上市企业（股票代码：688600）。

7.2020年7月9日，科大国盾量子技术股份有限公司在上海证券交易所科创板上市，中国量子科技领域首家A股上市企业诞生（股票代码：688027）。

8.2020年7月15日，埃夫特智能装备股份有限公司在上海证券交易所科创板挂牌上市（股票代码：688165）。

9.2020年7月16日，同庆楼餐饮股份有限公司在上海证券交易所挂牌交易（股票代码：605108）。

10.2020年7月22日，安徽大地熊新材料股份有限公司成功登陆上海证券交易所科创板（股票代码：688077）。

11.2020年7月31日，合肥江航飞机装备股份有限公司成功登陆上海证券交易所科创板（股票代码：688586）。

12.2020年8月5日，安徽蓝盾光电子股份有限公司在深圳证券交易所创业板上市（股票代码：300862）。

13.2020年8月24日，安徽金春无纺布股份有限公司在深圳证券交易所创业板上市（股票代码：300877）。

14.2020年8月28日，江苏中信博新能源科技股份有限公司登录上海证券交易所科创板（股票代码：688408）。

15.2020年9月3日，瑞鹄汽车模具股份有限公司在深圳证券交易所中小板挂牌上市（股票代码：002997）。

16.2020年9月10日，龙利得智能科技股份有限公司成功登陆深圳证券交易所创业板（股票代码：300883）。

17.2020年9月10日，合肥科威尔电源系统股份有限公司在上海证券交易所科创板上市，也是国内测试电源行业首家登录科创板企业（股票代码：688551）。

18.2020年9月16日，安徽华业香料股份有限公司在深圳证券交易所挂牌上市（股票代码：300886）。

19.2020年9月21日，奥锐特药业股份有限公司在上海证券交易所成功上市（股票代码：605116）。

20.2020年10月12日，中饮巴比食品股份有限公司成功登陆上海证券交易所主板，中国包子第一股诞生（股票代码：605338）。

21.2020年11月18日，会通新材料股份有限公司正式登陆上海证券交易所科创板（股票代码：688219）。

22.2020年12月15日，合肥立方制药股份有限公司正式登陆深圳证券交易所中小板（股票代码：003020）。

23.2020年12月24日，悦康药业集团股份有限公司在上海证券交易所科创板上市（股票代码：688658）。

24.2020年12月25日，安徽省通源环境节能股份有限公司在上海证券交易所举行上市仪式（证券代码：688679）。

后记一

20年前第一次到徽州地区，当时对徽商和徽文化不甚了解，但马头墙、黑白相间的色调、深宅大院、古村落等都给我留下了深刻的印象。今天的“徽商”，不仅是全球安徽籍商人的符号，更是一种文化，一种精神，一个品牌。

2009年，安徽财经大学首期“徽商大讲堂”开讲。“徽商大讲堂”一直延续到今天，当初举办的出发点是为了搭建校企合作的平台和促进徽商企业与学校的交流，活跃校园文化。2014年，我在合肥策划和打造了“新徽商大讲堂”，主要目的是为了促进徽商企业家之间的交流和资源整合，至今已举办了60多期活动。2014年，安徽财经大学新徽商研究中心成立，安徽财经大学为服务地方经济、强化智库建设出版的系列报告得到了社会的好评。2018年，安徽财经大学新徽商研究中心联合安徽经济报社等单位成立新徽商商学院，践行开展了“四个一”工程：重走一段徽杭古道，聆听一场徽商文化报告，参观一座徽商古村落，参访一家徽商名企。

对于徽商发展报告，很早之前我就思考过撰写徽商发展报告，但由于多种原因没能实现。直到2018年，经过对2017年徽商活动的持续关注和资料收集，再加上“新徽商大讲堂”微信公众号的持续运作，在2018年中国国际徽商大会和2018世界制造业大会期间发布了《徽商发展报告2017》。《徽商发展报告2017》得到了政府、异地徽商商会和商界的认同，被评为2018年中国国际徽商大会和2018世界制造业大会“十大成果”之一。之后推出的《徽商发展报告2019》荣获2019世界制造业大会“成果”之一，《徽商发展报告2020》荣获2020世界制造业大会江淮线上经济论坛“成果”之一。

2020年，安徽财经大学新徽商研究中心在新徽商研究领域获得了一定的成长：在绩溪县承办了第四届中国商帮论坛；微信公众号“新徽商大讲堂”每周一开辟专栏持续分享徽州文化；承办了蚌埠市工商联2020年商会组织建设研修班，多地徽商商会和商帮研究组织前来考察交流，多个地方政府招商部门前来调研了解徽商产业布局、异地徽商组织与徽商上市企业情况；通过论坛、校园赛事等来助力徽商老字号品牌的传承与创新；与安徽江南徽商研究院进行战略合作，促进资源整合。

《徽商发展报告2021》经过多次的研讨和论证，最终形成了徽商组织、徽商企业、徽商人物、徽商制造、徽商创新、徽商回归、徽商公益七大模块，围绕徽商年度发展进行总结分析。

《徽商发展报告2021》能够顺利出版，感谢决策杂志社总编辑张道刚、安徽经济报社社长马顺生、安徽经济报社总编辑助理栗亮、决策杂志总监王运宝等人，他们的无私帮助和鞭策让我更有动力，因为徽商，我们经常共同出席活动，磋商交流，分享徽商最新动态；感谢安徽财经大学校领导丁忠明教授、周加来教授、冯德连教授，他们给新徽商研究中心提供了较好的平台和资源；感谢安徽师范大学校长张庆亮教授、安徽师范大学徽商发展研究院院长马陵合教授、安徽师范大学经济管理学院院长张廷龙教授、安徽财经大学新徽商研究中心曹天生教授、安徽财经大学经济发展研究中心徐旭初教授、安徽财经大学工商管理学院胡登峰教授、胡旺盛教授和徐伟教授等，他们在我成长道路上给予我关爱和支持；感谢安徽师范大学出版社社长张奇才教授，编辑何章艳、牛佳，他们为本书的出版提供了优质的服务；感谢安徽国际徽商交流协会秘书长叶青松、安徽合作交流办公室经济联络处处长余超超以及各地徽商商会的会长和秘书长们，他们为本书提供了诸多的素材和建议，在此一并深表感谢！

《徽商发展报告2021》是安徽财经大学年度系列报告丛书的一部分，也是安徽财经大学新徽商研究中心和安徽经济报社、决策杂志社（安徽创新发展研究院）联合打造的“徽商智库”系列丛书之一。由于水平有限，书中如果有不当之处或疏漏，敬请联系我（邮箱 diyiyingxiao@163.com），我将第一时间给予回复。《徽商发展报告》将会每年延续下去，记录和剖析徽商的年度发展大事，统计和分析徽商的年度经营状况，解析徽商年度重大专题，传播徽商文化，传承徽商的精神。

因为徽商，你我同行！因为徽商，我们在路上！

王唤明

2021年6月于龙子湖畔

后记二

2018年5月，决策杂志社（安徽创新发展研究院）参与编写的《徽商发展报告2017》，在2018世界制造业大会·徽商论坛上举行了新书首发式。以此为开端，《徽商发展报告》连续多年被列入世界制造业大会的成果，引发广泛关注。

2021年是“十四五”开局之年，安徽全面融入长三角一体化发展，迎来加快发展最大的“势”，安徽经济社会发展迈上新的历史起点。经过多年持续努力，安徽省内外的徽商企业家、徽商组织也迎来发展新机遇。

2021年7月，安徽省省长王清宪就发挥行业商协会（即行业商会协会）作用作出批示，行业商协会是优化配置市场资源不可或缺的重要环节，是实现有效市场和有为政府更好结合的桥梁纽带，行业商协会要在加强政企沟通联络、推进“双招双引”、搭建行业发展平台、促进跨区域开放合作等方面积极作为。

作为资本、项目、信息、技术、人才的“中介”，行业商协会是推进经济高质量发展的重要一环。而在广大行业商协会中，各类徽商组织当属翘楚。

据统计，截至2020年年底，全球共有各类徽商组织400多家，31个省（自治区、直辖市）和新疆生产建设兵团均成立了省级安徽商会；18家徽商商会在2020年荣获“5A”级商会称号。在2020年1月公布的2019—2020年度“四好”商会名单中，24家安徽省外徽商组织榜上有名。无论数量还是质量，广大徽商组织都进入了高质量发展的新阶段。

立足发展新阶段，构建发展新格局，作为政府宏观和企业微观之间的桥梁纽带，徽商商会发挥着独特作用。特别是在徽商回归中，各地徽商商会积极搭建徽商回归桥梁，招商引资效果明显。2020年，徽商回归资金近千亿元，5000万元以上在建徽商回归项目371个，徽商投资额达917.9亿元，实际到位资金656.3亿元。其中，亿元以上在建徽商回归项目354个，徽商投资额达908.2亿元，实际到位资金651.5亿元，占到位资金总额的99.3%。

另据2021年7月召开的省级行业协会商会座谈会上发布的初步统计显示，仅2021年上半年，安徽省级商协会参与或协助招商引资额在116亿元以上，同比增长超过20%，全省商协会在服务经济社会发展、参与社会治理等方面，都发挥着不可替代的积极作用。

各地商协会与安徽各市县的联系也日益紧密，双方围绕各种不同类型的活动，实现互动合作。例如，2021年6月27日，上海市安徽商会走进六安“双招双引”座谈会召开，150余位企业家走进大别山革命老区投资考察，并与六安市政府签署战略合作框架协议。双方在委托招商、项目投资、人才交流、旅游开发等方面形成“双招双引”合力。

每一位徽商都是安徽发展的“合伙人”，安徽省委省政府高度重视发挥徽商的智慧和力量。2016年以来，安徽连续5年举办徽商论坛；2021年5月8日，“天下徽商圆桌会议”在合肥召开。安徽正加快构建信息共享、资源整合、共谋合作的开放平台，完善徽商常态化交流合作机制，让徽商在建设“三地一区”和推动长三角一体化高质量发展中助力安徽、壮大自己。

“十四五”时期，安徽将大力发展新一代信息技术、新能源汽车和智能网联汽车、高端装备制造和人工智能等十大新兴产业，鼓励引导新兴产业成立行业协会商会，推动产业崛起。这是推动徽商商会做大做强的重大机遇，各地徽商商会应聚焦新兴产业重点方向，由龙头企业牵头，在工业互联网、新能源汽车、人工智能、生物医药等新兴产业领域加快设立和完善商会组织。

当前，安徽正在谋划打造长三角和中部地区国际商协会联盟，最大限度发挥行业协会商会在吸引资源要素方面的平台作用。2021年9月，安徽省领导在与新当选的安徽省国际商会新一届班子成员座谈交流时指出，商协会要发挥好自身独特优势和平台作用，在服务经济社会发展中不断强化企业的主角意识、发挥主角作用，用市场的逻辑调动资本的力量，在更广范围内感召更多优质资源要素向安徽加速集聚，推动安徽开放发展。同时，政府部门要把“商协会出题目、政府作答案”作为重要工作方法，政府制定政策时要注重听取商协会及有政策研究能力企业的意见，增强政策科学性、针对性、协同性。商协会具有市场主体代表和行业领域代表的双重角色优势，要通过多种方式向政府提出政策建议。政府部门要全力“搭台”，商协会要联动市场主体全力“唱戏”，共同演绎高质量发展“协奏曲”。这些都为徽商商会下一步的发展指出了方向。

从编写第一本《徽商发展报告2017》开始，我们就专门列出关于徽商组织的章节，对海内外各地各类徽商组织进行多角度、多层面的总结分析。《徽商发展报告2021》在前四年的基础上，又有了进一步的提升，希望能给读者提供有价值的信息，这也是我们坚持编写《徽商发展报告》的初心。决策杂志社（安徽创新发展研究院）作为新型媒体智库一直坚守这份初心，我们也将与广大徽商一起，为记录徽商发展贡献一份媒体智库的力量。

张道刚

2021年10月